THE

Book of Altars and Sacred Spaces

聖なる祭壇のつくりかた

精霊と祝い、飾る、
古代ヨーロッパの儀式

THE

Book of Altars and Sacred Spaces

聖なる祭壇のつくりかた

精霊と祝い、飾る、
古代ヨーロッパの儀式

アンジュー・キアナン　著

ダコスタ吉村花子　　翻訳

Cover Design: Tanya Jacobson, crsld.co
Page Layout: Megan Jones Design
Photography: Anjou Kiernan
Illustration: Anjou Kiernan page 9, all others Shutterstock

This Japanese edition was produced and published in Japan in 2021
by Graphic-sha Publishing Co., Ltd.
1-14-17 Kudankita, Chiyodaku,
Tokyo 102-0073, Japan

Japanese translation © 2021 Graphic-sha Publishing Co., Ltd.

Japanese edition creative staff
Translation: Hanako Da Costa Yoshimura
Text layout and cover design: Aya Onda
Editor: Masayo Tsurudome
Publishing coordinator: Takako Motoki (Graphic-sha Publishing Co., Ltd.)

ISBN 978-4-7661-3514-5 C0076
Printed in China

神秘の扉を開こうとする、すべての人へ

CONTENTS

INTRODUCTION
はじめに

現代の私たちの世界では、雑念を排したマインドフルネスで過ごすシンプルな時間が、「大いなる魔力(スピリチュアルな神秘の力)」を呼び起こし、発揮することがあります。そうした時間のための空間、すなわち「聖域」を確保するには、暮らしの中に意識的に儀式の場をつくり出す必要があります。聖域は、私たちの体を育み、心を満たし、精神からエネルギーを引き出してくれると共に、心の奥深くに巣食う恐怖をすくいあげ、暗い欲望を掘り起こし、取り除いてくれます。聖域でこそ、私たちは魔力を得、本当の自分を発見し、自然との関係を結ぶことができるのです。聖域の意味は、人によって千差万別ですが、そこにいれば心が安らぎ、自分を取り巻く世界とつながれる場所であることはまちがいないでしょう。

神秘の力を用いる魔術の世界では、「儀式や魔法を行うための聖域」と「魔術のツールを納める場所」が必要になります。大空のもと、天幕を張って夜を過ごす遊牧民のように、風が吹く自然の中に神聖さを感じられることもあるでしょう。聖域はごく個人的な空間のこともあれば、コミュニティが集まる場のこともあります。寺院や教会、瞑想クラブなどを思い浮かべてみてください。その形態や場所にかかわらず、一番の目的は物理的なものと抽象的なものの間に橋をかけることです。こうして私たちのエネルギーは宇宙へと組み込まれていくのです。

祭壇

聖域の内部には、精神集中の核となる「祭壇」があります。教会の礼拝でぶどう酒が注がれる聖餐杯(せいさんはい)のように、祭壇も私たちのエネルギーで満たされる場です。ここに凝縮されたエネルギーが、祭壇を魔術を行うための神聖なる場に変えます。

神をあがめる多くの宗教で祭壇は、神や女神へのささげもの、神聖な儀式のための場で、一段高くなった構造になっています。けれども、無宗教の人々が無数に暮らす現代では、神々や自然界の精霊のための神殿であり、神や精霊、自然への感謝を表すための場であり、季節のシンボルであり、日常と心に平穏と静謐(せいひつ)を得られる空間です。神秘な力を得て魔術を行うにあたっての基礎と言えるでしょう。

祭壇は、自分のライフスタイルにあったものを自宅に1つでも、複数でもつくってかまいません。スピリチュアルな世界をめぐるには、自分でその扉をつくり、開くものなのです。

ユール（p18）
冬至
12月21日

インボルク（p36）
ブリギッドデイ
2月1日

オスタラ（p58）
春分
3月21日

ベルテイン（p76）
メイデイ
5月1日

リーザ（p98）
夏至
6月21日

ラマス（p118）
初収穫祭
8月1日

メイボン（p138）
秋分/第2収穫祭
9月21日

サウィン（p156）
第3収穫祭
10月31日

1年の輪

　スピリチュアルな旅を続けるうちに、魔術が季節の移り変わりに大いに関係していることに気づくでしょう。それぞれの季節の節目は、太陽の動きと連動していて、この動きは、太古の暦「1年の輪」上で、祝日(ウィッカの魔術用語では「サバト」)として祝われます。この輪は8つの祝日と祭りからなり、1年の時の推移を刻みます。

　1年の輪は、最も夜の長い冬至からはじまり、ゆっくりとまわります。冬の不毛の土地に春が訪れ、夏、秋と、実りの季節に進んでいきます。それぞれの祝日には独特の祝いかたがありますが、季節にちなんだ聖域づくりには3つの重要な定点があります。1つ目は1年の半分に別れを告げて残りの半分を迎える夏至と冬至(それぞれ昼と夜が一番長い日)、2つ目は光と闇のバランスをたたえる春分と秋分(昼と夜の長さが同等の日)、3つ目は季節の移り変わり

に備えるクロスクォーターデイです。

　1年の輪の中の祝日には、キリスト教が入ってくる以前のヨーロッパで取り入れられた古代異教文化の伝統を祝います。たいてい村で大祝宴が催されたり、かがり火がたかれたりする他、大規模な集会が開かれ、コミュニティの生活を支える耕作や1年の息災を祝います。昔の異教徒たち(「異教」はキリスト教が入ってくる以前に、その土地[本書では主に北ヨーロッパ]で信仰されていた神々、自然、宗教を指す。異教徒はそうした信仰を実践していた人々)は土地に深く根づいており、伝統的な祝祭の多くは古代の農事にさかのぼります。人々は祝祭という機会を通して、太陽や農耕の神々や季節に影響を及ぼすとされる民間信仰の人物たちに感謝していました。こうした伝統は、あなたの生活や地域とは必ずしも関係していないかもしれませんが、季節の祭壇や聖域に意味や意義を付す象徴的な役割を担っています。

　祝祭の準備に際して、伝統は地域ごとに変化しうることを覚えておきましょう。1年の輪は、主に北ヨーロッパを基本としているので、自分の地域とは必ずしも一致しないかもしれません。太古の異教徒社会でも、季節感は場所によって違いました。昔からアイルランドには2つの季節しかないと言われてきました。1つは冬で、サウィンと共にはじまります。もう1つは、ベルテインではじまる夏です。そのため、多くの国や文化において、サウィンとベルテインは1年の過渡期、区切りと考えられていたのです。

聖域をつくる

1年の輪を知れば、魔力を自然の波長にあわせる儀式を行ったり、変容のために特別な空間をつくりたくなるかもしれません。こうした空間は、あなた自身やあなたを取り巻く世界の必要に応じて変化していきます。日々の暮らしを、季節を通じた意識的な旅にする過程では、こうした象徴的な関係が大きな影響を及ぼすでしょう。そこで、次に紹介する目標や場所、基礎を中心とする様々な要素を検討する必要が出てきます。

目標

聖域づくりの第1歩は目標設定です。今、あたなは、1年の輪のどこにいるでしょう？季節の伝統やシンボルは、あなたやあなたの毎日にどんな意味を持っているでしょう？目標は何でしょう？ 季節の恵みに感謝したいのでしょうか？ それとも神や自然の精霊をたたえたいのでしょうか？ 成長や浄化など、季節の恵みを生かした儀式を挙げたいのでしょうか？ もしかすると、婚約や子宝のおまじないなど、異教徒の伝統を実践するのに絶好のタイミングを待っているのでは？ 目標を見える形にして、じっくりと考えたり、書き出したり、日記をつけたりましょう。そうしてはじめて、目標にエネルギーを吹き込む準備が整うのです。

場所

どんな場所でも魔術を行うことはできます。それでも魔力が一番発揮される場所を知っておけば、自分なりの聖域づくりに役立てられます。目標を把握していれば、最適な場所もおのずとわかるでしょう。例えばフェアリーに贈り物をしたければ、彼らが住む屋外の庭や森の入り口の近くがベストです。秘密の神殿をつくりたいなら、浴室や寝室の鏡台など鏡のあるプライベートな空間がいいでしょう。屋外なら、木の窪みや森の草地、水辺、洞窟（自然、人工を問わず）など、自然の生成物に強い魔力が宿って、かりそめの聖域となることがあります。私も静かでひとけのない森の草地で瞑想したり、自然のエレメント（元素）に呼びかけたりするのが好きです。場所を選ぶときは、嵐の中でたき火は難しいでしょうから、天候もとても重要です。本書で紹介する聖域のほとんどは、あなたの生活環境や自然へのアクセス度にかかわらず、屋内でも効果を発揮できるようアレンジ可能です。さらに重要なのはシンボルです。たき火が無理ならジャーキャンドルで代用して、まわりに石や小枝を置きましょう。目標も集中点も変わることなく、屋内により適した「たき火」ができあがります。

聖域を自然豊かな屋外にするか、屋内のプライベートな空間にするかを決めたら、さらに場所を絞りましょう。目標だけでなく、どれくらいのスペースが必要か、どれくらいの期間か、どれほどのプライバシーが必要とされるか、月や太陽が見える場所が必要か、どの向きにするかなども考えねばなりません。1年の輪は、太陽の動きに基づいているので、日の昇る東側は祭壇や聖域を設置するのにぴったりです。もちろん、特定のエレメントに呼びかけるとか、神や自然の精霊など、この世を司る存在をたたえるなどの場合は別です。また特定の季節のエレメントの方角に設置することもあります。

基礎

祭壇や聖域は、戸外なら、切り株、コンクリート台、テーブル、平らな石、ベランダの棚、庭の台など、土台のしっかりした場所を基礎としてつくるのがおすすめです。私はよく、こうした場所にきれいなトレーやボウルを置いて、いろいろなものを飾っていますが、せっかく祭壇を完璧につくっても、風や動物のせいですっかり台なしになってしまうこともあります。その点、屋内なら選択肢が広がり、ほぼどんなところも聖域になります。暖炉、本棚、テーブル、平らな作業台、まな板、ナイトテーブル、玄関のベンチ、洗面台、浴槽の縁など、いずれも祭壇の設置に適しています。ちなみに、魔術のツールをポケットサイズの缶に入れれば、旅行にも携帯できます。

一般的な祭壇アイテム

1年の輪が進むにつれ、祭壇のアイテムも季節やその時期の伝統と共に変化します。それでも多くの聖域に共通するアイテムがあるので、ここで紹介しましょう。自然のエレメントに関するアイテムは、そのエネルギーを引き寄せるためにも適切な方角に置く必要があります。祭壇をアレンジするときには、この点にも注意しましょう。

祭壇クロス：祭壇を保護するための、自然繊維でできた布や、デコラティブな生地。色は祝日や季節により変わり、特定のエネルギーを引き寄せるのに、シンボルイメージをペイントしたり、刺繍したりすることもあります。

刃物：儀式的にハーブや麻ひもをカットしたり、キャンドルにシンボルを刻んだりするときに使う多目的ナイフ。たいてい小鎌や草刈り鎌、ウィッカのボリンと呼ばれる独特のナイフのようにカーブしています。

キャンドル：火のエレメントのシンボル。エレメントに主眼を置いて使う場合は、南に置きます。目標や祝日や季節に応じて、右の例を参考にしながら色を選びましょう。ハーブやオイルとあわせたり、シンボルを彫ったりすることもあります。またインテンションペーパーを燃やすのに使ったり、それ自体がおまじないになったりします。

杯や鍋：水のエレメントのシンボル。エレメントに主眼を置いて使う場合は西に置きます。水、ハーブを煎じたもの、ワイン、ビール、ハチミツ酒、蒸留水、香油、ハチミツ、土、水晶、動物の骨に似せてつくった鋳物（動物の骨）、塩を入れます。その他、季節や祝日に応じて他のエレメントに関するものを入れることもあります。

ひも：自然繊維でつくった細いロープ、より糸、織物用の糸。ハーブや呪文を書いた紙を結ぶのに使います。

キャンドルの色と意味するもの

赤（火のエレメント）：愛、情熱、刺激

青（水のエレメント）：瞑想、コミュニケーション、感情

黄色（空気のエレメント）：喜び、幸せ、成功

緑色（地のエレメント）：富、繁栄、運

紫（精霊のエレメント）：予知、精神的成長

白：平和、純粋、調和

黒：守り、保護、基礎

水晶とパワーストーン：宝石、石、化石の状態のもの。エネルギーの波動を目標に向けるのに使います。儀式の前には必ずきれいにして、月光、陽光、水、塩、ハーブの煙、またはクォーツやシトリン、アメシストの塊、板状のセレナイトなどを使って魔術のツール共々清めたり、エネルギーをチャージしたりします。水晶とパワーストーンの中には特に繊細で、水や陽光、塩に当ててはいけないものもあるので要注意です。

占いツール：自分の力を高めるセルフ・エンパワメントや儀式で、未知の領域を見つめたり、知恵を得たりするために使います。例えばダウジング・ペンデュラム、タロットカード、オラクルカード、水晶玉、スクライング・ミラー（黒鏡）、ルーン文字、占い用ティーカップ、動物の骨に似せてつくった鋳物（動物の骨）などです。

人形、フィギュア、彫像：人形は神や崇拝対象（自然の精霊や天空の存在）を表すシンボル。類感魔術で使います。多くの場合、感謝の気持ちをささげることで満たされ、エネルギーを放ちます。ワラ、トウモロコシの皮、粘土、金属、木、ヤナギやリンゴの枝、その他の加工できる自然素材なら何でも人形の材料になります。

祭壇に多用される主な水晶とパワーストーンと意味するもの

アメシスト：静穏、清澄、スピリチュアル、集中、滋養

カーネリアン：刺激、励まし、勇気、エネルギー

クリアクォーツ：増幅、清め、癒し、滋養

グリーンアベンチュリン：成長、滋養

シトリン：明示、癒し、復活

セレナイト：清め、光、変容

ムーンストーン：感情バランス、直感、受容力

ブラックトルマリン：保護、変容、基礎

ブルーカイアナイト：バランス

フローライト（蛍石）：調和、バランス、スピリチュアル

ラブラドライト：変容、神秘主義、超自然能力の刺激

ローズクォーツ：癒し、愛、和らぎ、滋養

4つのエレメントのシンボルと方角、色

火：キャンドル／南／赤

空気：羽根／東／黄色

水：杯や鍋／西／青

地：塩／北／緑色

羽根：空気のエレメントのシンボル。エレメントに主眼を置いて使う場合は東に置きます。シンボルとして使う場合と、ハーブの煙を広げて場を清めるのに使う場合があります。落ちている羽根や、倫理にかなった方法で手に入れた羽根を使いましょう。

バーニングポット：御影石、石鹸石、鋳造鉄、貝殻でつくられた不燃性の器。儀式でインテンションペーパーやインセンス、ハーブを燃やすのに使います。

ハーブとインセンス：ハーブや、円柱状またはスティック状のインセンスを燃やして、清めたりエネルギーをチャージしたりします。ハーブは円盤型の木炭にのせてバーニングポットでたく場合が多いのですが、その他にも空間にまいたり、キャンドルのデコレーションに使ったり、火に投げたり、抽出してハーブスプレーやハーブウォーター、目標を込めたインテンションにしたり、聖油にしたりします。ハーブスプレーやハーブウォーター、聖油は、このあとのページで特に分量や作り方に触れていないものも、ハーブやオイル、エッセンシャルオイルなどの材料を適量混ぜてつくります。

インテンションペーパー：葉、カバノキの皮、羊皮紙、その他の自然繊維の紙に、望みや目標、儀式の目的を書き込んだもの。祈願系魔術に使います。バーニングポットで燃やすことが多く、灰はエレメントを用いた魔術に使ってまいたり、土に戻したりします。

塩：地のシンボル。エレメントに主眼を置いて使う場合は北に置きます。清めたり、ネガティブなエネルギーから身を守ったりするときに使います。祭壇のまわりや、聖域のサークル内、普段いる場所や家の玄関にまきます。死海の塩とパウダー状の木灰（たいていオークかトネリコ）を混ぜた黒塩は強力で、精霊やその他のネガティブなエネルギーを祓うのに使います。

杖：聖木、銅、動物の骨に似せてつくった鋳物（動物の骨）、セレナイトやその他の水晶でつくられたものが一般的で、シンボルが刻まれていたり、パワーストーンや水晶、その他の自然物で装飾されていたりします。儀式でエネルギーの波動を送るのに使います。

＊ここで紹介した材料を含め、祭壇をつくる材料は、祭壇を設置する場所に適したサイズのものを選びましょう。18ページ以降の祭壇は参考例です。その時期に用意できるものや、身近に入手できるもので代用してかまいません。また、屋内やまわりに人のいる場所で行うと危険な儀式もありますので、安全を確保して行うようにしましょう。

CHAPTER 1
MIDWINTER
冬至

北半球 12 月 21 日、南半球 6 月 21 日

太陽の 1 年は冬至からはじまります。夜が 1 年で最も長くなり、北部は酷寒と大雪に見舞われて、不毛の土地は陰に覆われます。冬の凍るような寒さが厳しくなり、万全の備えをしていても、肉体も精神も飢餓に襲われます。けれども苦難のあとには希望が待っています。地球が太陽の方向に傾くに従い、日が長くなっていくでしょう。

太古の人間は太陽の動きを追い、注意深く太陽の暦を観察していました。アイルランドの新石器時代の古墳ニューグレンジや、イングランドのストーンヘンジのようなモニュメントは、こうした観察に使われていました。現代でも世界各地の多くの文化では、真冬の祝祭において暖炉に炎が灯され、春の到来を約束します。こうした異教徒の光の祝祭の起源をたどると、炎の儀式は太陽の復活をうながし、家や野に再生をもたらすという古い信仰にたどり着きます。多くの古代文化では独自に冬至を祝います。ケルトのアルバン・アルサンと呼ばれる祝祭には、伝説のアーサー王の帰還に対するドルイドからの祝賀が、古代ローマのサトゥルナリア祭には農耕と収穫の神サトゥルヌスへの敬意が込められています。古代エジプト人は畑に暖かな気候をもたらす太陽神ホルスの帰還を祝い、スカンジナビアの古代ノルウェー人はエールを飲んで、神々にささげものをしていました。彼らは神オーディンがワイルドハントから暴風雨を連れてくるのだと信じていました。

こうした祝祭では、たいてい大祝宴や酒宴を催して光の回帰を祝います。食糧がつきるのは時間の問題ですが、祝祭のときばかりは羽目を外して楽しむのです。秋に収穫して下ごしらえしておいたフルーツ、たっぷりと供される肉。そして、この時期になると、発酵の働きで、ワインやビール、シードルができあがります。村人たちは、飲めや歌えの大騒ぎをしたり、ぱちぱちと燃える火を囲んで物語を語ったりしました。真冬の祝祭では慈善や贈り物も盛んで、この季節の豊かさやうれしい報せを分けあったのでした。

YULE ALTAR
ユールの祭壇

ユールとは、古代ヨーロッパで冬至の頃に行われた祭り。その祭壇は、人々が集まり、食べ物や飲み物を分けあってユールタイドを祝う場です。設置場所としては、食事が供されるダイニングテーブルや、リビングルームのサイドテーブルがいいでしょう。リッチなエメラルドグリーン、ルビーを思わせる赤、雪のように白い祭壇クロスを重ね、金や銀をさりげなくあしらって光の回帰を表現します。

ユールに関するあれこれ

別称:クリスマスタイド（キリスト教）、サトゥルナリア祭（ローマ）、アルバン・アルサン（ドルイド）

色:赤、緑色、白、金色、銀色

水晶, パワーストーン:ルビー、ガーネット、エメラルド、ブラッドストーン、ダイヤモンド、クリアクォーツ

神々:オーディン（ノルウェー）、ホリーキング、オークキング（以上、ケルト）、ラー、ホルス（以上、エジプト）、サトゥルヌス（ローマ）

エレメント:地

花, ハーブ, 木:ゲッケイジュ、キバナアザミ、ヤマモモ、常緑樹（シダー、モチノキ、ア

イビー、ネズ、ヤドリギ、トウヒ、マツ、モミ）、カバ、オーク、トネリコ、シナモン、ナツメグ、クローブ、オレンジ、フランキンセンス、ミルラ、ウィンターグリーン

食べ物:ホットスパイスシードル、ワセイル、オレンジ、イチジク、プラム、ハム、ユールログ、フルーツケーキ、エッグノッグ（牛乳と卵に砂糖やスパイスで味つけしたドリンク）

シンボル:ユールツリー、ユールログ、常緑樹のリースや大枝、マツカサ、ベル、輪、光

テーマ:光の回帰、太陽の再生、命の循環、ゴースト、喜び、平和、慈善

古代異教徒の伝統だったユールの祝祭は、時代と共に変化し、ヨーロッパ、そして世界各地へと広がりました。冬至の祝祭に関連する多くの事物は、ゲルマンに由来します。「ユール」という言葉も、古ノルウェー語の輪「ヒョウル（hjól）」に由来すると考えられます。古代異教徒たちは、冬至になると、太陽の回帰を祝っていました。太陽が地球へ戻ってくると、空に燃えるような輪が現れ、野や牧草地に暖かさと活気をもたらしてくれるからです。キリスト教化以前の儀式や宗教への回帰を唱える復興異教主義では、太陽の輪や太陽十字など、前史の太陽のシンボルをユールの祭壇に飾ります。金の円盤、プレート、メダル、リース、アート作品、金色、黄色、オレンジ色、赤といった炎の色など、太陽を表すアイテムは光の回帰をうながし、太陽が地球のあらゆる生命に及ぼす驚異的な力をたたえると考えられています。キャンドルも火のエレメントとしてこのエネルギーを呼び込みます。火の

エレメントは太陽と結びついていて、刺激的で、命をもたらす特性を備えています。ランタン、フェアリーライト、金銀糸、銀色や白のアイテム、星の形の切り抜きも、ユールの祭壇に光を呼び込みます。

ドルイドたちは、伝説のアーサー王への尊敬を込めてアルバン・アルサン（「アーサーの光」の意）を祝います。アーサー王は冬至にメイボン（「光の子」「太陽の子」の意）として象徴的に再生するのです。この日の夜、ドルイドたちは儀式を挙げ、オークの木から不滅を象徴する聖なる常緑樹やドリギを採って、これを用いて病気を治していたと言われます。これが真冬の色、つまりヒイラギの実の赤とヤドリギの実の白、常緑樹の緑の起源だと考えられています。こうした色をユールの祭壇のキャンドルやライト、リボン、クロス、器などに取り入れれば、不毛の季節に対する生命の勝利を表現できるのです。

金の円盤、プレート、メダル、リース、アート作品、
金色、黄色、オレンジ色、赤といった炎の色など、
太陽を表すアイテムは光の回帰をうながし、
太陽が地球のあらゆる生命に及ぼす
驚異的な力をたたえると考えられています。

　ケルトの民間伝統では、ユールタイドは
1年のダークな半分を治めるホリーキング
に別れを告げ、ライバルに勝利して光を地
上に取り戻すオークキングを迎えるイベント
でもありました。彼らはユールの祭壇をヤド
リギ、ヒイラギ、マツ、モミ、アイビーなど
の常緑樹やマツカサ、オークの葉、ドング
リで飾って、ホリーキングとオークキングの
両方をあがめました。ヒイラギの葉は尖っ
ていて、おせっかいな精霊から守ってくれ
ると信じられており、祭壇のまわりに飾れ
ば、ポジティブなエネルギーだけが入ってき
ます。

　ユールツリーはクリスマスツリーの祖先
で、様々な古代異教徒の冬至の習慣に登
場し、永遠の命を表していました。ドルイ
ドはヒイラギの木を新年の夢や願いを表す
シンボルで飾り、スカンジナビアの人々は
木を家の中に入れて、寒い冬の間、自然
の精霊が住めるように暖かい場所を用意し
ました。そうした木の枝からは、贈り物や
狩りのシンボルが吊りさげられていました。
ユールの祭壇に小さな卓上ツリーやリース
を取り入れて、インテンションペーパーや贈
り物を吊りさげれば、自然の精霊が喜ぶで
しょう。もしかすると、素敵な春をプレゼン
トしてくれるかもしれません。

アングロサクソンのワセイリングは、果樹にワインやシードルを注いで、新しい年の豊穣や多作を願う伝統です。お祭り騒ぎを繰り広げながら家々を訪ね、ボウルからホットスパイスシードルをついでもらってプレゼントと交換しますが、この飲み物はワセイルと呼ばれます。いずれも復興異教徒のユールのお祝いにぴったりです。ユールの祭壇にドライアップルのスライスやワセイルの入ったボウル、ホットワイン、角杯、昔ながらのワセイリングの音楽やキャロルの楽譜を取り入れれば、ワセイリングが再現され、温かく陽気な祝祭の場となります。

パンづくりもユールならではの時間の過ごしかたです。ナツメグ、クローブ、シナモンなど、神聖なスパイスをユールの祭壇に取り込んで、季節感を演出しましょう。クッキーやフルーツケーキ、伝統的なユールログなどは、この季節ならではのものですが、ポプリポットやインセンスポットを置いたり、祭壇クロスにスパイスをひと振りしたりすると、一層引き立ちます。ポマンダーボールも素敵。これは中世の薬草学者たちが考案したもので、リンゴやオレンジにクローブを刺して模様を描き、スパイスを振りかけます。ユールの祭壇の近くに吊りさげれば、空気を浄化して、ネガティブなエネルギーから家を守ってくれます。

神々を取り入れるなら、サトゥルヌス（ローマ）、ラーやホルス（いずれもエジプト）、ホリーキング（ドルイド）、ブリギッドや、ルー、エリウ（いずれもケルト）、ユールと関係の深いノルウェーのオーディンやフリッグとその息子たちのバルドル、ヘズ、トールなどを表すアイテムがおすすめです。闇が光に座を明け渡す過渡期であるユールには、自然の精霊や亡霊も地上を自由に歩きまわるとか。こうしたフェアリーやエルフ、トロール、ゴーストにお供え物をしたり、フィギュアを飾ったりすれば、彼らが訪れて祝福してくれるでしょう。銀のベルの音は光をもたらす精霊を呼び込み、邪悪な気を闇に追いやってくれると言われています。

＊ 19 ページの祭壇
用意するもの

祭壇クロス（赤）……1 枚

ワセイルボウル（または木製や銅製のボウル／フタつき）、玉しゃく、ポマンダーボール、ボウル（オーク製）……各 1 個

モミの鉢植え……1 鉢

リボン（赤）……1 本

ベル（銀色）……2 個

ドライアップル（スライス）、ドライオレンジ（スライス）、シナモンパウダー、ワセイル（ホットシードルまたはエールビール、ワインなど）、フェアリーライト、ローズマリーの枝……各適宜

・ドライアップルとドライオレンジはシナモンパウダーを振りかける

WINTER SOLSTICE SPIRAL
アドベントスパイラル
月ごとのインテンションでエネルギーを得る

用意するもの

キャンドル（白）……13 本

キャンドルランタン……1 台

常緑樹の小枝
太陽や豊穣の神や女神のフィギュア
マッチ……各適宜

＊キャンドルの 1 本はランタンに入るもの。キャンドルはティーライトでも。常緑樹の小枝は可能ならヒイラギとヤドリギのもの

　冬至は光の回帰を温かく迎える分岐点です。冬至をすぎた地域は、太陽の方へと傾きはじめ、日は長く、夜は短くなります。冬至は、前史時代から太陽の再生、変容の瞬間として祝われてきました。農業を営む人々にとって、太陽は農作物を育て、冬至は新たな収穫の時期を約束してくれるものでした。長い冬の眠りから目覚めるこの時期、使わないものを処分したり、光がもたらしてくれる成長や新たな始動のためのスペースを確保したりと、冬至の休止時間を使って丁寧に考え、行動しましょう。

　アドベントスパイラルは、シュタイナー教育で実践される神聖な伝統であり、闇から光への旅を象徴します。そのアドベントスパイラルの中心となるのが、先の「変容」です。常緑樹の枝と、均等に 12 か所に置かれたキャンドルがスパイラルを形づくります。このキャンドルは 1 年の各月を表していて、その中央のランタンに入ったキャンドルは私たちの内なる光の象徴です。各キャンドルにインテンションを置いてもいいでしょう。

　迷宮を模した暗い空間をつくり、12 本のキャンドルを通路沿いに置きます（立てます）。中央のランタンに入ったキャンドルの火を使って各キャンドルに点火し、内なる光で目標を照らし出し、影に光を当てます。こうすることで新しい年の旅のためのエネルギーを得られるでしょう。

　アドベントスパイラルは、屋外に設置するのがベストです。内なる深い旅に他の人も誘いたければ、共同スペースに置いてもいいでしょう。適当な屋外スペースがなければ、ティーライトキャンドルを使った小さめのスパイラルを用意して、歩を進めながら明かりを灯していってください。

　神々を取り入れて太陽の再生を祝う場合は、太陽や豊穣の神々、女神を表すフィギュアをスパイラル沿いに置きましょう。ケルトの伝統では、ヒイラギとヤドリギの小枝をホリーキングとオークキングに供えます。

YULE LOG
ユールログ

象徴を通して太陽の回帰を祝う

用意するもの

祭壇クロス（緑色）、トレー（銀製）
……各1枚

丸太
テーパーキャンドル（赤、白、緑色 / 24時間もつもの）……各1本

ナツメグパウダー
クローブパウダー
シナモンパウダー
小麦粉
常緑樹の枝と実
ローリエの葉
ドリル
ペン
マッチ……各適宜

＊丸太はカバノキ、マツ、サクラなど神聖な木を選ぶこと。常緑樹の枝と実はマツやトウヒなど

〰

　ユールログの起源は、古代ヨーロッパのゲルマン族の伝統にさかのぼります。冬至から新年までの12日間、暖炉では1本分の木が燃やされていました。木は慎重に選ばれ、儀式に則って家まで運ばれてから、きれいに整えられ祝福を受けます。ユール

タイドの季節のおわりには、炭をひとかけ暖炉の横に置きます。これで次の年の丸太（ログ）を燃やすのです。灰も取っておけば、家を不幸から守ってくれます。春が来たら、灰を野にまいて祈り、種の繁栄をうながします。時代と共に暖炉が小さくなり、効率のよい暖房が普及すると、昔ながらのユールログの伝統もすたれていきました。復興異教徒やキリスト教徒の祝祭では、ユールログはしばしばカバノキを使ったキャンドルセンターピースで代用されます。キャンドルセンターピースをテーブルに置いたり、暖炉にユールログをくべたり飾ったりすることで、千年来のシンボルを取り入れられます。

　祭壇クロスは、緑色で常緑樹の「永遠」を表しましょう。丸太は、カバノキ、マツ、サクラなど神聖な樹木ならなんでもいいでしょう。丸太を掃除して清めたら、テーパーキャンドルを立てられるくらいの大きさの穴を3つ、等間隔に開けます。ナツメグ、クローブ、シナモン、小麦粉を振りかけ、常緑樹の枝と実で飾って、ドルイドの色の赤、白、緑色のキャンドルを立てましょう。お客様に新年の願い事を書いてもらえるようにローリエの葉を置き、ペンも用意しておきます。ひとりでお祝いする場合は、新年の各月を表す12枚のローリエを添えましょう。

WASSAILING DRINK CART
ワセイル・ドリンクカート
陽気に楽しく、豊穣を願って

用意するもの

祭壇クロス（赤）……1枚

ドリンクカート（またはミニテーブル）……1台

ワセイルボウル（または木製や銅製のボウル）……1個

キャンドル（金色、銀色、緑色など）、常緑樹の大枝、ドライアップル（スライス）、ドライオレンジ（スライス）、シナモンパウダー、クランベリー、ヒイラギ、アイビー、ポマンダーボール、ワセイル（ホットシードルまたはエールビール、ワインなど）、パンチカクテル用カップ、玉しゃく、トースト、ケーキ、ワセイルカード、マッチ……各適宜

＊ドライアップルとドライオレンジはシナモンパウダーを振りかける。フェアリーライトを飾っても

ワセイリングの起源は、キリスト教化以前のヨーロッパにさかのぼります。イングランドのリンゴ生産地の農夫たちはユールタイドの12夜にシードルで木を祝福していました。酔いのまわった小作人たちは、振る舞い酒を求めて領主の屋敷に集まっていましたが、次第に現代風にワセイルを手に家々を訪ね、短い祈りやキャロル（賛美歌）を歌うようになりました。ワセイリングの伝統は、多くの面で、現代のキャロルを形づくり、誰もが知るクリスマスキャロルの歌『ウイ・ウイッシュ・ア・メリー・クリスマス』の歌詞にも、かつてのワセイリングの名残があります。

ワセイリングには、ドリンクカートを活用します。カートには祭壇クロスを敷き、常緑樹の大枝やリンゴ、クランベリー、ヒイラギ、アイビー、ポマンダーボールの他、金色や銀色、ユールの季節の色のキャンドルを飾ります。添えるワセイルボウルには、お気に入りのレシピでつくったワセイルを入れます。砂糖、ナツメグ、シナモン、ジンジャー、クローブで味つけしたホットシードルやエールビール、ワインがおすすめです。オレンジ、卵、ラムやブランデーなどのリキュールを加えてもいいでしょう。ワセイルは玉しゃくでパンチカクテル用のカップに取り分けます。伝統的にワセイリングにはトーストやケーキをあわせることが多く、ワセイルをしみこませてうれしい報せと共に友達や家族と分けあいます。ボウルの前に、次のような、中世から伝わるワセイリングの歌を記したカードを置けば、愉快な雰囲気づくりにひと役買ってくれるでしょう。「ワセイル、町中がワセイル／私たちの祝杯は白くエールビールは茶色／私たちのボウルは立派なカエデの木でできている／ワセイルボウルであなたのために飲みましょう」。

THE LIGHT JAR
ライトジャー

闇の時間に光をもたらす

用意するもの

メイソンジャー、ソーラーライト……各1個

トレー（金製または銀製／丸）……1枚

水晶やパワーストーン、ドライハーブ、マツの小枝、ドライオレンジ（スライス）、ゲッケイジュ……各適宜

ソーラーライトをメイソンジャーのフタに取りつけるための道具……一式

＊水晶やパワーストーンは、クリアクォーツ、スモーキークォーツ、アメシスト、ローズクォーツ、シトリン、サンストーン、カーネリアンなど。ドライハーブは、ヒマワリの花弁、キンセンカ、セイヨウオトギリ、タンポポなど夏の花やハーブ。用意できればヒマワリ油も

1年のうちで最も長い夜の訪れは、光の回帰の約束でもあります。生活を大地に頼る人々にとって、冬至はつらい冬がおわりに近づいていることを意味します。シャドーセルフに悩まされてきた人々にとっては、重苦しい闇がもうすぐ取り除かれるとの希望の印です。ウィンターブルー（冬の憂鬱）に襲われると、無気力になったり、気分が

落ち込んだり、自分の中の魔力が枯渇してしまったりします。歴史において、光は体だけでなく心の栄養ともなり、スピリチュアルな力をもたらしてきました。キャンドルや暖炉の火、フェアリーライトなどを聖域に取り込めば、どんなに暗い日でも温かみや喜び、独創的な力に満たされることでしょう。

この祭壇は移動可能なので、希望のささやかな目印としてどこにでも持ち運びできます。メイソンジャーに、クリアクォーツ、スモーキークォーツ、アメシストなどネガティブなエネルギーを浄化し変容させる水晶や、ローズクォーツなど優しい癒しのエネルギーを放つ水晶、シトリン、サンストーン、カーネリアンなど太陽のエネルギーを刺激する水晶やパワーストーンを入れましょう。それぞれの石に新たな年の希望や願いを込めても。フタにソーラーライトを取りつけて、フタをしたら、ジャーを金の丸いトレーにのせ、日中に戸外の日当たりのよい場所に置いて、冬の日光を浴びさせます。まわりには夏の花やハーブを乾燥させたものを散らして。日が暮れてきたら、日光を浴びた一式をトレーごと、暗くした部屋のテーブルや棚の上に移動します。このスペースで瞑想し、長夜にも負けない心の支えにします。ハーブは燃やしてもいいですし、ヒマワリ油（適量）に浸ければ、元気をもたらす聖油になります。

SPIRITED READING NOOK
スピリチュアルな読書スペース

ユールの炎を囲んでスピリチュアルな物語に耳を傾ける

用意するもの

椅子（すわり心地のいいもの）
ブランケット（またはシルク）
テーパーキャンドル（またはフェアリーライト）
燭台（金製）
キャンドルクォーツ
トレー（金製または銀製）
本
ポインセチア
もみの木の小枝
マッチ……各適宜

＊ブランケットやシルクは、リッチで華やかなエメラルドグリーン、暗紅色、暗紫色、光沢のある金色や銀色、クリーミーアイボリーのいずれかの色のもの。本は、ユールタイドの伝承や祝祭の精霊など霊にまつわる話や、神話の本。フェアリーライトを取りつける場合、釘などの道具一式も。用意できれば、小ぶりなテーブル、床用のクッションとフットスツールも

ユールログを囲んで幽霊譚など少し怖い話を語りあう伝統は、ゲルマン族の冬至の行事にさかのぼります。電気やセントラルヒーティングのなかった時代、古代異教徒たちは暖炉の前でぬくぬくと温まっていました。ストーリーテリングは単なる暇つぶしではなく、故人を含む家族の結束を強め、闇の神々や女神に命を吹き込み、その恵みを引き出していたのです。こうした話には、しばしば幽霊やおせっかいなフェアリー、神々のもたらす大いなる恵みや呪いなどが登場し、死と再生の循環が語られます。ユールがキリスト教化され、さらにのちに作家チャールズ・ディケンズの素晴らしい作品で取りあげられたことで、異教徒の冬至のストーリーテリングの習慣はクリスマスタイドの伝統へと変わりました。

映画やテレビが発明されると、ユールタイドの口承伝統は、過去の遺物となりましたが、祝祭にまつわる読書スペースを設けて、冬至の季節の伝統を復活させましょう。適当な場所を選んだら、すわったり読書したりするのに快適な椅子を置き、上にはブランケットやシルクを重ねます。魔法の力を呼ぶには、照明はキャンドルやフェアリーライトなど、ほのかなものを選んで壁に吊りさげます。ほんのりとした輝きには、キャンドルクォーツがぴったり。小ぶりなテーブルや積んだ本の上に置きましょう。人と集まって話を聞くのなら、床用クッションやフットスツールを用意して、心地よくすわれるようにします。話は、ユールタイドの伝承や祝祭の精霊など、霊にまつわるもの、またはお気に入りの神話をユール風に脚色したものもいいです。友人や家族とパス・ザ・ストーリーのように、それぞれが少しずつ話をしていき、自然または超自然な結末のストーリーを創作するのもおすすめです。

CHAPTER 2
IMBOLC
インボルク

北半球2月1日、南半球8月1日

冬至と春分の間あたりになると、北の地域には雪がまだ残っているかもしれませんが、ケルトの祝祭「インボルク」の足音が聞こえてきます。これはクロスクォーターデイにあたり、大地の再生に備える時間です。土が柔らかくなり、風が暖かさを増すと、大地が活発になる時期もすぐそこまで来ています。農夫たちは畑を耕したり生まれてくる家畜を迎えたりするために、農具をそろえます。古アイルランド語でインボルクは「おなかの中」を意味し、大地が肥沃になり、羊が生まれる季節の到来を想起させます。アイルランドの暦の4大火祭の1つであり、春のはじまりでもあります。インボルクと、同じくクロスクォーターデイであるサウィンを迎えると、午前中にタラの丘の上にある新石器時代の捕虜の墓の心室に光が差しこみ、それぞれの季節のはじまりを知らせます。

インボルクはブリギッドデイとも呼ばれ、女神ブリギッドを祝します。ブリギッドには、癒し、鍛冶、詩という3つの面があり、それらが彼女の聖なる炎によって結合しています。ブリギッドはキリスト教が入ってくる以前のアイルランドの女神ですが、中世にアイルランドがキリスト教化されるに従って適応し、取り入れられ、キルデアの聖ブリギッドとなり、現在でも聖ブリギッドの日（2月1日）が祝われています。2月2日はキリスト教では聖燭祭ですが、光の祝日とも呼ばれ、聖母マリアがイエスの誕生から40日目に清められたことを祝います。光の回帰も祝うのは、異教徒のインボルクやキリスト教の聖ブリギッドの日と共通していますが、聖燭祭は古代ローマの死と浄化の神フェブルウスを祝うフェブルアーリア祭からきているとの説もあります。

IMBOLC ALTAR
インボルクの祭壇

長い巣ごもり生活もおわりに近づく頃、インボルクの祭壇は、家に爽やかな風を吹き込みます。メインの部屋のテーブルに配置して、古くなったエネルギーを外に出し、新たなエネルギーを呼び込みましょう。

インボルクに関するあれこれ

別称：インボルグ、オイメルク、ブリギッドデイ（以上、ケルト）、聖ブリギッドの日、聖燭祭（以上、キリスト教）、フェブルアーリア（ローマ）、グラウンドホッグデー（北米）

色：緑色、赤、白

水晶、パワーストーン：グリーンアベンチュリン、セレナイト、フローライト、クリアクォーツ、ローズクォーツ、シトリン

神々：ブリギッド、ケレス、ウェスタ（以上、ローマ）、ケリドウェン（ケルト）、ガイア、ヘスティア、パーン（以上、ギリシャ）、カリアッハベーラ（ケルト）

エレメント：地、空気

花、ハーブ、木：春を告げる花（クロッカス、ラッパズイセン、マツユキソウ、スズラン、ユリ）、レモングラス、バジル、カモミール、ローズマリー、レモンバーム、クラリーセージ、ラベンダー、ミント、フランキンセンス、ミルラ

食べ物：ミルク、オーツ麦、種、ハチミツ、メープルシロップ、フルーツ、バノックパン、バームブラック（ドライフルーツ入りのパンやケーキ）

シンボル：ブリギッドクロス（p39）、キャンドルクラウン、炉辺、大鍋、井戸、輪、炎

テーマ：浄化、祝福、癒し、復活、再生、成長

インボルクの伝統色の白と緑色の祭壇クロスは、この季節に深く結びついている浄化と成長のシンボルです。草床やアイリッシュモス（サギナ）なども、生の祭壇クロスとして、緑色や白のキャンドル、セレナイトやグリーンアベンチュリンなどの水晶を置く基礎の土台に使えます。緑色や白のリボン、生花、ハーブを飾ってもいいでしょう。マツユキソウ、クロッカス、ラッパズイセンなど、早咲きの花の鉢植えや切り花なら、活気をもたらしてくれます。レモングラス、バジル、カモミール、ローズマリー、レモンバーム、クラリーセージなどのハーブを抽出してつくったスプレーやインセンスは聖域を爽やかにし、家に豊かな地の香りを運んでくれます。

古代アイルランドの家々ではインボルクの前夜に炉辺の火を消し、ブリギッドの聖なる火で点火して、太陽を地に迎えていました。家に暖炉がなくとも、キャンドル、ランタン、バーニングポット、フェアリーライトを祭壇の上、火の方向である南側に置いて、太陽の光と温かみを呼び込みましょう。神々を取り入れるなら、ブリギッドが頭にのせていたという花冠を飾ってキャンドルを灯してみるといいでしょう。

インボルクでは、ブリギッドの永遠の炎や太陽の凱旋とのバランスを取るために、水も崇拝されていました。ケルトの人々は、アイルランドの聖なる井戸は別世界への入り口を封印していると考え、聖水を求めて巡礼を行っていました。乙女は井戸で水を飲み、水の精、たいていスプライト（精霊）やフェアリーに、自分は誰と結婚するのかを尋ねたといいます。乙女が井戸の横でうたた寝をすると、求婚者が夢に現れるとか。

精気の満ちた井戸がもたらす、回復や癒しの力を求める巡礼の旅は、現代にも見られる現象です。祭壇に聖水の力を呼び込むには、小さなボウルや杯に天然水を入れ、水のエレメントの方角の西に置きましょう。占いや癒しの儀式において、この水を体にすり込んだり、ひと口飲んだりしてもいいでしょう。目標を決めたり願い事を唱えたりするのにも、この水を使うことがあります。現在でもアイルランドでは、井戸に足を運んで繁栄や祝福を祈る伝統が残っていて、コインを供えたり、クルーティーを井戸の近くに伸びる木の枝に括りつけたりしています。

　大地が目覚めると種まきの時期です。イ
ンボルクの祭壇は、畑や庭にまく種を祝福
したり、インテンションペーパーを置いたり
する聖域です。ここでは、インテンションは
種子のようなものであり、夏、そして収穫の
秋を目指して成長します。小さめの樹皮や
カバノキの皮とペンを用意して、目標を書
き込みましょう。これをキャンドルの炎かバー
ニングポットの中で燃やすと、自然の力に
変容します。

　インボルクの食べ物の中にも種がありま
す。一般的なのは、ポピーシードやゴマ。
その他、小麦、オーツ麦、ドライフルーツ、
ハーブを使った小さなケーキやパン。祭壇
にちょっとしたトレーやケーキプレートを置
いてみましょう。もともとスコットランドで食
べられていたバノックパンは、フライパンで
手軽につくれますし、アイルランドの伝統的
なソーダパン（イーストを使わず、重曹とク
リームタターと呼ばれる添加物で膨らま
せるパン）もお供え物におすすめです。

インボルクの祭壇は、畑や庭にまく種を祝福したり、
インテンションペーパーを置いたりする聖域です。
ここでは、インテンションは種子のようなものであり、
夏、そして収穫の秋を目指して成長します。

　春の到来と共に、牧草地も家畜の誕生に備えます。インボルクは、民衆の間でオイメルクとも呼ばれていましたが、これは「羊のミルク」を意味し、羊の出産の時期のはじまりを告げていました。日が長くなるこの季節、雌羊が身ごもり、乳で赤ちゃんを育てます。このミルクはケルトの各地で見られ、入浴やパンづくりなど様々な用途に使われていました。特にハーブを浸したミルクとバターでつくった食べ物、例えば、ハーブ入りバター、羊のミルクのチーズ、バターケーキなどは、インボルクの宴の定番です。小鉢や杯に新鮮なミルクを注いで、水のエレメントの方角にあたる西に置けば、この季節の芽吹きと今後の成長への期待を表せます。ヤギのミルク、牛乳は、アーモンドや大豆やココナッツなどの植物性ミルクで代用することも可能です。習慣では、自分の分をいただいたら、残りは野生動物のために外に置いておきます。

　インボルクでは、空を丹念に観察して、どの時点で大地を切り開いて種まきするかを言い当てます。天候がよければ、冬はすぐには去らないので、暖炉用の木を集めに冬の女神カリアッハベーラが外にいると考えられていました。天候が悪ければ、カリアッハベーラはもう薪を拾う必要がなくなって、眠りにいったので春も近いと信じられていました。アメリカのグラウンドホッグデーには、こうした天気占いの名残がうかがえます。

　神々を取り入れる場合は、イグサやアシでつくったブリギッドクロスや、ブリデオガを祭壇に飾りましょう。セージやヒース、スミレ、ローズマリー、クロイチゴなどブリギッドにささげられたハーブをあしらったり、インセンスとして燃やしたりしてもいいでしょう。

＊37ページの祭壇
用意するもの

祭壇クロス（白）……1枚

鍋（またはボウル／黒）……1個

テーパーキャンドル（白）、燭台（金製）……各1本

リボン（赤）……2本

花瓶（黒）、デザートグラス……各2個

ローズマリー、ミント、ハーバルソルト（p55）、ミルク、ハチミツ、花びら、ドングリ、マッチ……各適宜

・花びらはインボルクに関するもの

SACRED HEARTH
聖なる炉床
温かみと希望を家に呼び込む

用意するもの

テーパーキャンドル（暖色または白）、燭台
（またはプレート/金製）……各2本

暖炉……1基

ボウル、鍋、バケツ（小）……各1個

竹ぼうき……1本

ハーブ、花や木の小枝、天然水、死海の塩、
マッチ……各適宜

＊暖炉はスタンドアローン型ストーブや枝
つき大燭台でも。ハーブはキンセンカ、セージ、
ローズマリー、ラベンダー、バジル、カモミー
ルなど。花や木の小枝は、インボルクに関
するものや春を告げるもの

❦

　古代異教徒の地が寒さに覆われる冬の
夜、暖炉の火は家を暖め、安らぎをもたら
していました。人々は火をたいて滋養に富
んだ骨つき肉のシチューやスープ、フィリン
グを調理し、オーツ麦やトウモロコシのパン
を焼きました。動物の生皮やハーブの束
を乾燥させ、窯では陶磁器を焼きます。炉
の炎の光は野を覆う闇を忘れさせ、真冬の

苦労で疲れ切った農民たちを元気づけてく
れました。鉄器時代の丸い家の中央に置
かれていた大暖炉は、現代でも象徴として
残っており、家族が集まる場となっています。

　炉床に、ハーブを入れたお清めのボウル
を置きましょう。ハーブを火にくべれば、心
地よい香りが望ましくないエネルギーと、古
くなった冬の空気を追い払います。暖色や
白のキャンドルを炉床のまわりに置いて、
太陽の回帰を象徴しましょう。金の燭台や
プレートで、太陽を表してもいいでしょう。

　炉の火でキャンドルを灯しながら、火の
エレメントの特徴を1本1本に込めます。
例えば情熱や独創的な力、成長や浄化、
人生などを刺激する力です。開放型やもの
を温められる暖炉なら、鍋で天然水を温め
て、儀式で聖水として使います。

　ネガティブなエネルギーを追い払う象徴
である竹ぼうきを炉の横に置き、そばに小
さなバケツを用意しておいて、インボルク
がおわって火が消えたら、灰を入れます。
灰を死海の塩と混ぜれば、「魔女のブラッ
クソルト」になります。あなたを守ってくれ
る塩です。灰と天然水を混ぜてペースト状
にすれば、魔法の印を描くのに使えます。
野や庭に灰をまいたり、培養土と混ぜて肥
料にしてもいいでしょう。

BRIGID'S SHRINE
ブリギッドの神殿
インボルクの炉の女神ブリギッドに敬意を表して

用意するもの

ジャーキャンドル（24時間以上もつもの）
……2本

トレー（鉄製または銀製）……1枚

テーパーキャンドル（白、緑色、赤）、ブリギッ
ドクロス、瓶（小）、燭台（金製）……各1本

ボウル（またはフライパン／鉄製または鉄製）
鍋
編みカゴ
花瓶（または真鍮の水差し）……各1個

椅子……1脚

ハーブ
花
木々
ガーネット（またはカーネリアン）
パンやシードケーキ（または食べ物のお供
え物）
水
聖水
硬貨
指輪（真鍮）
容器
名札
祭壇カード
ブリデオガ
ブリギッドを表すもの
ブリギッドの仕事道具
マッチ……各適宜

＊ハーブは、ブリギッドにちなんだヒース、
バジル、クロイチゴ、マツユキソウ、ラッパ
ズイセン、フキタンポポ、ヨモギギク、スミレ、
ミルラや、軽い香りのラベンダーやミントな
どを。ブリギッドを表すものはキャンドルつき
花冠など。ブリギッドの仕事道具は、鍛冶
屋のハンマー、詩作のためのペンと紙、吟
遊詩人の弦楽器リュート、調剤用の乳鉢とす
りこぎなど。聖水は、井戸水や湧水を塩や
光で浄化し、清めたものを代わりにしても

　アイルランド神話によれば、炉辺の女神
ブリギッドはトゥアハ・デ・ダナーンと呼ば
れる伝説の神族の末裔だとか。アイルラン
ド民話に登場するフェアリーやレプラコーン
も、この神族に属しています。ブリギッドは
ブライト・アロー（輝く矢）ブライト・ワン（輝
く者）とも呼ばれ、永遠の聖なる炎を守護
すると共に、癒し、詩、鍛冶の3つを司り、
火を灯す女神としてあがめられていました。
異教徒の時代、キルデアの丘に建つ彼女
の神殿では、19人の乙女が彼女の聖なる
炎を19日間守り、20日目にはブリギッド
自身が守ると言われていました。とても親し
まれていた女神だったため、5世紀に入っ
てきたキリスト教も、アイルランドの人々が
彼女に寄せる崇拝の念を消すことはできま
せんでした。

キリスト教化の過程において、ブリギッドはアイルランドを守護する聖ブリギッドへと変容し、彼女にささげられた神殿は修道院となって、聖なる火は19人のカトリック修道女により守られるようになりました。16世紀の宗教改革の時代には、炎は消え、聖なる井戸は閉鎖されてしまいましたが、キルデアの聖ブリギッドの修道女たちにより再び火が灯されて以降、燃え続けています。現在でもキルデアの聖なる井戸への巡礼者はあとを絶たず、近くの木には、健康や祝福を願うクルーティーが括りつけられています。巡礼者たちのための休憩所がいくつかあり、ブリギッドの様々な面に思いをはせることができます。

ここでのメインテーマは、ブリギッドの聖なる炎です。祭壇クロスの代わりに鉄製のトレーを使うのは、実用的な理由からだけでなく、鍛冶の女神の側面を祭壇に生かす意図もあります。ジャーキャンドルを鉄製のボウルまたはフライパンに入れて、火のエレメントの方角の南に置きます。キャンドルのまわりには、ブリギッドにまつわるハーブや花を散らしましょう。ガーネットやカーネリアンなど火のパワーストーンや水晶を入れてもいいですし、「ブリギッドの聖なる炎」と書いた名札やラベルをキャンドルに添えるのもおすすめです。水のエレメントの方角の西には、井戸や水源地から汲んできた水を鍋に入れておきます。硬貨や真鍮の指輪の入った小さな容器を置けば、お供え物として聖水に投げることができます。

一部の風習では、
小さなベッドや、棒とドングリでつくられた
男根崇拝を思わせる杖が人形と共に
置かれることもあります。
女神を呼んで、一夜を過ごしてもらい、
赤ちゃんを授けてほしいという願いが込められています。

地のエレメントの方角の北には編みカゴを置き、パンやシードケーキなど食べ物を供えます。空気のエレメントの方角の東には、ラベンダーやミントなど軽い香りのハーブや、花の入った花瓶あるいは真鍮の水差しを置いて。神殿の正面には、ブリギッドの像やブリデオガの人形、ブリギッドクロス、祭壇カード、キャンドルのついた花冠などを置きましょう。一部の風習では、小さなベッドや、棒とドングリでつくられた男根崇拝を思わせる杖が人形と共に置かれることもあります。女神を呼んで、一夜を過ごしてもらい、赤ちゃんを授けてほしいという願いが込められています。

ブリギッドクロスをつくってみましょう。アシや小麦を編んで、中央が正方形で4本の腕を持つ十字架をつくります。この形は太陽を象徴しており、太陽は家庭に豊穣、繁栄、健康をもたらします。神殿の余ったスペースには、ブリギッドの仕事道具を置いて。中央の聖なる炎のまわりには、白、

緑色、赤のテーパーキャンドルを3本置きます。各キャンドルはブリギッドの特性を表しています。ポイントは、この3本のキャンドルも、他のインボルクのキャンドルも、聖なる炎であるジャーキャンドルを使って灯すこと。神殿の前に椅子を置き、花や木々で飾りましょう。ここに腰かけて、ブリギッドの特性をどのように自分の中に取り込むか、じっくりと考えます。

ENTRYWAY CLEANSING SPACE
空間を清める玄関
家にたまった冬のエネルギーを清める

用意するもの

テーブル（またはスタンド / 祭壇用 / 小）
……1台

ボウル（小）、バケツ、バーニングポット（小）、
インセンスポット（小）……各1個

竹ぼうき、ドロッパーボトル（または瓶 / 栓
つき）……各1本

祭壇クロス（白または緑色 / 大）……1枚

植物由来の床用洗剤、インボルクの聖油、
インセンス（フランキンセンス、ミルラ）、イ
ンセンスポット、キャンドル（黄色）、パワー
ストーンや水晶（セレナイト、クリアクォーツ
/ 棒状）、塩、水、ミントの葉、ドライハーブ、
ドライオレンジ（スライス）、マッチ
……各適宜

＊植物由来の床用洗剤は、ドライハーブ（ラ
ベンダーまたはセージ / ひとつかみ）、オレ
ンジ（またはレモン / スライス / 少々）、ビネ
ガー（1カップ）、エッセンシャルオイル（ラベ
ンダー、レモングラス / 各数滴）、湯（適量）、
ガーゼ（1枚）でつくる。インボルクの聖油
は、ホホバオイル、オリーブオイル（各適量）、
エッセンシャルオイル（ラベンダー、レモング
ラス / 各数滴）でつくる。また、インセンスの
代わりにセージやラベンダー、ハーブスプレー
（p15）でも

昔の異教徒にとって冬のおわりは、おこ
もりの古いエネルギーを追い払う時期。イ
ンボルクと共に、窓や扉が開け放たれ、家
のほこりやごみ、暗闇に潜む邪気は一掃さ
れ、体と心にのしかかっていた闇のマント
が取り除かれます。壁も床も隅々までピカピ
カに磨かれ、春一番の花が飾られて、家
は希望あふれる庭となります。

春の大掃除を目標の1つにして、冬の
エネルギーの痕跡を取り除きましょう。まず
は玄関。小さなテーブルかスタンドを置い
て、白か緑色の祭壇クロスを敷きます。植
物由来の床用洗剤と「インボルクの聖油」
をつくって、木製の家具などをきれいにしま
しょう。

火のエレメントの方角の南に小ぶりな
バーニングポットを置き、フランキンセンス
やミルラのインセンスをたきます。祭壇に空
気のエレメントを取り入れるには、東に淡
い黄色のキャンドルを置きます。棒状のセ
レナイトやクリアクォーツを置けば、波動が
空間を清めてくれます。セージやラベンダー
を燃やした煙や、ハーブスプレーでもいい
でしょう。地のエレメントの方角の北には塩
を入れた小さなボウルを置き、境界一帯に
まきます。竹ぼうきを祭壇に吊るし、儀式
的に好ましくないエネルギーを追い払いま
しょう。

RITUAL BATH ALTAR TRAY
バスルームの祭壇トレー
心を清め、栄養補給する

用意するもの

浴槽（またはたらい）……1 据（個）

板（またはトレー）、祭壇クロス（白 / 小）、
フェイスタオル（白 / 肌触りのいいもの）
……各 1 枚

ヴォーティヴキャンドル（またはティーライト
キャンドル / 白またはアイボリーホワイト）、
バスティー、水差し（小）、ボウル（小）
……各 1 個

エッセンシャルオイル（ラベンダー）
……1 〜 2 滴

水晶（ローズクォーツ、クリアクォーツ、アメ
シストなど）、インボルクの聖油（ボトル瓶
入り / p49）、湯、ホットミルク（ハチミツ入
り）、マッチ……各適宜

＊バスティーは、アンゼリカ、ラベンダー、
レモンバームなどのインボルクのドライハー
ブやドライフラワー（各適量）を、小さな綿
モスリンの袋にブレンドしてつくる。まわりに
ドライフラワーやドライハーブを飾っても

❦

物理的な空間からネガティブなエネル
ギーを取り除いたら、目に見えない心の空
間もきれいにしましょう。インボルクでは、冬

の間に定着してしまった不健康で有害な習
慣を捨てることが大切。インボルクは浄化の
時間です。古いものを捨て、新しい成長に
向けた空間を整えましょう。最も簡単かつリ
ラックスできる方法の 1 つが、入浴の儀式。
意義ある行動の前に心と体を清めるという概
念は、多くの文化や宗教に共通しています。
この儀式を通して、手に負えない範囲にま
で広がった汚れや、ばい菌から体を守るだ
けでなく、心の中の野を種まきに向けて備え
ることができるのです。

この儀式はプライベートな空間で行いま
す。浴室でも、庭でもいいでしょう。浴槽が
なければ、たらいで十分です。木製の板や
トレーの上に小さめの白い祭壇クロスを敷き
ます。白かアイボリーホワイトのヴォーティヴ
キャンドルやティーライトキャンドルをトレーに
のせ、お湯にバスティーを浸します。トレー
には玄関まわりの掃除で使ったインボルクの
聖油の入ったボトルも置き、数滴お湯に入れ
て肌と心に栄養を与えましょう。神々を取り
入れる場合は、ハチミツ入りホットミルクを小
さな水差しに入れ、ブリギッドの祝福を呼び
込みます。小さなボウルには、ローズクォーツ、
クリアクォーツ、アメシストなど、清め、癒し、
光、滋養をもたらす水晶を入れ、バスタブ
のまわりに置いたり、お湯の中に入れたりし
ましょう。ラベンダーのエッセンシャルオイル
を 1 〜 2 滴たらした肌触りのいい白いフェ
イスタオルも用意しておいて、目の上にのせ
れば、心も精神も落ち着くでしょう。

SEED BLESSING SHRINE
種の祝福の祭壇
目標がしっかりと根づくための空間をつくる

用意するもの

ガーデンベンチ（または棚）……1台

祭壇クロス（緑色）……1枚

鍋（またはボウル）、バスケット……各1個

土（または砂）、水、種、球根、袋、男根崇拝を象徴する杖、水晶、パワーストーン、鋤（すき）、ガーデニング道具（手袋、球根用ドリルなど）、ベル、シンギングボウル、花瓶、花……各適宜

＊水晶はグリーンアベンチュリン、モスアゲート、クリアクォーツ、シトリン、パワーストーンはマラカイトなど。用意できれば、ブリギッドや豊穣を司る神の像も

　新たな生活のはじまりを告げるインボルク祭。雪が解け、柔らかくなった地面から春一番の花が顔を出しはじめます。この時期、物理的にもスピリチュアル的にも種がまかれ、やがて目標が根づきます。種を祝福する風習は古代の農耕期に由来し、その昔、人々は畑を司る神々や女神に、実り多き収穫を祈ってささげものをしていました。

農耕と豊穣の神々の中でも特にブリギッド、ケレス、ガイアには、種がささげられていました。普段は神とは無縁でも、種を育て、たたえ、エネルギーを与えることは、豊かな実りへとつながります。

　種の祭壇づくりには、まず庭の物置小屋やテラスなどで、ガーデンベンチや棚を日の昇る東の方角に置きます。緑色の祭壇クロスを敷いて成長を表現し、硬めの土や水を鍋に入れます。その鍋を中央に置き、メイボンの時期に集めた種や球根を儀式の一環として植えます。鍋のまわりにはバスケットを置き、種や球根の入った袋を入れます。種の祝福用に、豊穣を約束する男根崇拝の杖を取り入れても。神殿まわりには、グリーンアベンチュリン、モスアゲート、マラカイト、クリアクォーツ、シトリンなどの水晶やパワーストーンを散らします。鋤、ガーデニング用手袋、球根用ドリルなどのガーデニング道具や、波動を生むベルやシンギングボウルもお忘れなく。神々を取り入れるなら、ブリギッドやその他の豊穣を司る神々の像を置いて、祝福を呼び込みます。祭壇は種まきの季節までこのままにしておき、毎朝、音楽を奏でたりベルを鳴らしたりして種に働きかけ、エネルギーを送り、自然の波長とあわせます。

INTENTION CIRCLE
インテンションサークル
成長の季節に向け目標を備える

用意するもの

ハニカムキャンドル（またはミツロウハニカムシートを巻いたピラーキャンドル／赤、黄色、青、緑色）

ペン……各1本

器（鉄製）……1個

ハーバルソルト

ローリエ

マッチ……各適宜

＊ハーバルソルトは、粗いシーソルト（海塩）と、ラベンダー、レモンバーム、ローズマリー、セージ、アンゼリカ、バジル、ローリエなどのハーブ（各適量）を粗く刻んで混ぜてつくる

❧

　目標を設定することは、いつの日か実る種をまくこと。これまでの過程では、祭壇で儀式的に新たな成長のために場をあけ、畑に栄養を与え、種を祝福してきました。いよいよ植えつけの時期です。けれども、種まきは、単に種を土にまいておわりというわけではありません。豊かな収穫には、継続的で丁寧な手入れが必要です。温度、日光、水分、土壌、場所などあらゆる面を考慮しなければなりません。どれくらいの深さに植えるかも、種の生き残りに関して決定的な要素となります。あまり深いと日光が届かず、あまり浅いと土に守ってもらえません。また、餌はないかと野をうろつく動物にも要注意です。植物が成長する間、野生動物は繰り返しやってきます。荒地に種をまく農夫のように、農作物をいかに守るかを学ばねばなりません。ただこれは、目標や幸せをかなえるための例えです。あらゆる可能性を考慮し、様々な角度からこれから歩む道を検討してみましょう。目標を保護し、栄養を与えてあげれば、きっと大きく強く成長するはずです。

　インテンションサークルは神聖で安全なので、種を植えるのにぴったりです。特に実用性を兼ねた「作業祭壇」を使うのがおすすめです。粗いシーソルトと、ラベンダー、レモンバーム、ローズマリー、セージ、アンゼリカ、バジル、ローリエなどのインボルクのハーブを混ぜたハーバルソルトを時計まわりに環状に置いて、小さなサークルをつくります。各エレメントカラーのキャンドルをそれぞれの方向に置いて、エレメントのエネルギーを祭壇に呼び込みます。サークルの中央に鉄製の器を置き、その横にローリエを置きましょう。ペンも用意しておいて、ローリエに目標を書き込み、鉄製の器の中で燃やします。葉が灰になったら、野原や庭や果樹園にまくか、培養土と混ぜれば、きっと目標が植物と共にまっすぐに伸びてくるでしょう。

CHAPTER 3
SPRING EQUINOX
春分

北半球 3 月 21 日、南半球 9 月 21 日

春のはじまる春分。芽吹きはじめた大地を、光と闇が完璧なバランスで覆っています。太陽は天の赤道である、星や天体を表す天球儀の正中線を横切り、最も高い位置を目指します。天の赤道と地球の赤道の延長線とが交わる点が春分です。この時期になると、昼と夜の長さが等しくなり、自分のいる地域はほぼ 12 時間、太陽にまっすぐに向いて、恵みと暖かさをたっぷりと受けたあと、夜になり、影へと沈みます。

春分は、占星術では 1 年のはじまりであり、牡羊座の時期ですが、1 年の輪では、冬至と夏至の中間と考えられています。いつの時代も春のはじまるこの日、北部の多くの地域では、優しい風が吹いて植物が芽を出します。マヤ文明では、太陽がチチェン・イッツァのピラミッドの段を滑りながら現れるように見えたため、春分を「太陽の蛇の回帰」と呼び、ゲルマンのオスタラの祝祭では、エオストレと呼ばれる月と春の女神をあがめました。ローマ人がゲルマンに侵入すると、オスタラもキリスト教化され、イースター（復活祭）になりました。復興異教徒はオスタラにまつわる昔ながらの伝統を中心に、輝きを増す太陽の旅を祝います。ストーンヘンジは、昇りゆく太陽を明確には表現していませんが、現代のドルイドや復興異教徒たちにとっては人気のスポットで、石の上を昇る太陽を眺めて春分を祝います。誰もが、闇は光にとって不可欠のライバルだと知っており、季節の移り変わりを喜ぶのです。春分は、自分の中の光と闇の部分のバランスを見つけるときに、道しるべとなってくれます。隠れた自分を発見する絶好の機会であり、闇の中に新たな道を切り開くことへとつながっていきます。

OSTARA ALTAR
オスタラの祭壇

オスタラの祭壇には復活があふれています。凍った大地から生命が再び現れ、春の兆しがあちらこちらに見えます。温暖な地域なら、オスタラの祭壇を屋外の、庭やテラスに配置して、爽やかな息吹を感じましょう。

オスタラに関するあれこれ

別称：春分、エオストレ＆エオストレの日（ゲルマン）、イースター（キリスト教）、アルバン・エイレル（ドルイド）、バッカナリア（ローマ）

色：パステルカラー、黄色、緑色、薄紫、ピンク、ベビーピンク

水晶、パワーストーン：アメシスト、ローズクォーツ、ムーンストーン、アクアマリン

神々：エオストレ（ゲルマン）、ガイア（ギリシャ）、ヴィーナス（ローマ）、イシス（エジプト）、アドニス（ギリシャ）、オーディン（ノルウェー）

エレメント：空気

花、ハーブ、木：ラッパズイセン、チューリップ、アヤメ、ユリ、スミレ、ヒヤシンス、スズラン、ライラック、ジャスミン、セイヨウナツユキソウ、ルリジサ、ミント、バジル、レモンバーム、ヨモギギク、タイム、ヤナギ、サンザシ、ハナミズキ

食べ物：卵料理、スイーツ、春野菜のサラダ、魚、ホットクロスバン、ハム、仔羊肉、ミルク、ハチミツ

シンボル：エオストレ、卵、ウサギ、野ウサギ、コマドリ、仔羊、チョウ、ハチ、フェアリー、種、土

テーマ：新たな命、豊穣、再生、復活、成長、バランス、調和、健康

屋内に祭壇をセットする場合は、外が見える日当たりのいい場所にしましょう。日が昇る方向であり、春の方位であり、空気のエレメントの方角である東に向けて設置します。薄紫、ピンク、黄色、緑色などの祭壇クロスや、苔や草を敷き、明るいピンク、青、黄色、薄紫のキャンドルと、ローズクォーツ、アメシスト、グリーンアベンチュリンなど滋養と成長をもたらす水晶で飾ります。

春のシンボルである豊穣は、鳥やハチの繁殖だけでなく、心と精神の豊かさをも意味します。卵、野ウサギ、種をオスタラの祭壇に取り入れれば、ひらめきや独創的な力を伸ばすことができます。よい香りの野花やハーブも美しい彩を添えて、物理的にも象徴的にも空気を清めてくれます。スミレ、ラッパズイセン、ユリ、チューリップ、ヒヤシンス、ライラック、スズラン、アヤメなどの花、ミント、バジル、ルリジサ、レモンバームといったハーブなら春一番に屋外に植えられ、オスタラの時期に広く楽しまれています。オスタラの祭壇には、花瓶に生けた切り花や陶器の鉢に入った花を飾っても結構ですし、ジャスミンやセージ、リンゴの花、ラベンダーなどの花を飾ります。ハーブのインセンスやスプレーを使ってもいいでしょう。

春分は春の初日。今まで準備してきた繁栄の儀式を実行するのに理想的なタイミングです。祭壇にハチミツ入りの瓶を供えましょう。ハチミツ入りの瓶は、フードゥーを実践する人たちによりアメリカ南部から復興異教徒の習慣に持ち込まれたと考えられ、恋愛でも仕事でも人間関係を円滑にしてくれます。4オンス（約118ml）のガラス瓶を用意して、カモミール、パチュリ、アルファルファ、ミント、バジル、ローリエ、タイムなど豊かさや幸運に関連するハーブを浸けたハチミツを入れます。硬貨、お札、金のかけらも入れて、フタをします。フタの上には緑色のヴォーティヴキャンドルを置き、カモミールとミント、オリーブオイルでつくった「幸運のオイル」を添えます。目的意識と魔力を込めてきちんとお手入れすれば、キャンドルが燃えつきたあと、幸運度が上昇する可能性が大きくなります。

春のシンボルである豊穣は、
鳥やハチの繁殖だけでなく、心と精神の豊かさをも意味します。
卵、野ウサギ、種をオスタラの祭壇に取り入れれば、
ひらめきや独創的な力を伸ばすことができます。

　オスタラの食卓には、この季節のもたらす「成長」を取り入れましょう。新鮮なサラダ、仔羊肉、アンブロシア（パイナップル、オレンジ、ココナッツなどを用いた伝統的なフルーツサラダ）、デビルドエッグ、ホットクロスバンをテーブルに置いてその中央に祭壇を添えたり、直接祭壇に供えたりしましょう。十字架は、キリスト教の四旬節と深く結びついていますが、同時に異教徒と深く結びついた「4」の象徴でもあります。エレメントも方角も「4」です。

　野や川は新しい命にあふれています。ハム、仔羊肉、魚も、この時期によく食べられる食材で、春のハーブや、インボルクで多用されるミルクやバターで調理されるのが一般的です。オスタラの季節がもたらしてくれるのは食べ物ばかりではありません。野原や森では薬草も咲きはじめます。血をきれいにしてくれるというタンポポやゴボウなど、早春の植物からつくったハーブティーや滋養に富んだ飲み物などを、小さなトレーにのせて祭壇に供えましょう。

十字架は、キリスト教の四句節と深く結びついていますが、同時に異教徒と深く結びついた「4」の象徴でもあります。エレメントも方角も「4」です。

　オスタラの祭壇には、1年の輪の中でもひときわ鮮やかな色が使われますが、それでも1年の2つの半分を表す白と黒がなければ完璧とは言えません。春分では光と闇がバランスを保ち、それぞれが魔術に同等の力を及ぼします。このバランスをたたえるのに使われるのが、白と黒のキャンドルです。これは、陰と陽、月と太陽を象徴しています。こうした光と闇の視覚表現を通して、私たちはシャドーセルフを見つめることができるのです。さあ、どうすればシャドーセルフを知り、そこから成長を遂げられるのか、考えてみましょう。

　神々を取り入れる場合は、エオストレの像を飾ります。エオストレはゲルマンの夜明けの女神で、春を司り、オスタラもこの女神の名に由来しています。ウィッカなど二神論を信じる復興異教徒の間では、角の生えた神、自然とつながりのある男神もオスタラの時期に崇拝されます。若々しい姿で、しばしばパーンとも結びつけられ、女神と共に踊り、大地を駆けめぐって狩りをして春の芽吹きを喜ぶのです。

＊59ページの祭壇
用意するもの

祭壇クロス（サーモンピンク、白）
……各1枚

ピラーキャンドル（薄紫）……1本

編みカゴ（ヤナギやオーク材）、ボウル（オーク製）、アメシスト、花瓶……各1個

燭台（黒）……2本

ゆで卵（p69）、卵料理、苔（または草）、花、オスタラの像、マッチ……各適宜

・花木はオスタラに関するもの

REAWAKENING MEDITATION CIRCLE
目覚めを促す瞑想サークル

魔力を目覚めさせ、エネルギーを与える

用意するもの

ピラーキャンドル（赤、黄色、青、緑色）、羽根（または扇子）……各1本

バーニングポット、ベル（またはシンギングボウル）、インセンスポット……各1個

カラフルな春の花やハーブ、水晶やパワーストーン、ルースインセンス、ナイフ、マッチ……各適宜

＊カラフルな春の花やハーブは、カモミール、セージ、ラッパズイセン、ユリ、ヒヤシンスなど。水晶やパワーストーンは、セレナイト、クリアクォーツ、アメシスト、シトリンなど。ルースインセンスは、セージ、ラベンダー、シダー、フランキンセンス、ミルラなど

あちらこちらで、眠っていた芽が土から顔を出し、緑の葉を伸ばして陽光を浴びます。何か月もの間、重苦しい冬に覆われて休眠していた生命が目覚め、出現します。自然にならって私たちも心と魔力を目覚めさせましょう。冬の間はスピードダウンして、炉辺と家のお手入れをし、心の内に住むあらゆるものについて考えてきました。今は、それを生かす心機一転の時です。魔力を目覚めさせることと、水晶を清めてエネルギーをチャージすることは似ています。ネガティブなエネルギーがたまってくると、外へ向かう波動にも影響します。オーラは縮み、魔力は鈍ります。魔力を目覚めさせることで、最高の力、真の波動を取り戻すことができるのです。新しいことをはじめたり、不要になったものを処分したり、新たな成長のためのスペースをつくったりするのに理想的なのが、この瞑想サークルです。

まず、屋外に静かな場所を確保します。森やひとけのない庭、静かな水辺などがおすすめです。屋外が無理なら、窓を開け、新鮮な空気を取り込める自分だけの場所をつくりましょう。そして、すわったり立ったりするのに十分な大きさのサークルをつくり、カラフルな春のハーブや花と、清めと力をもたらす水晶やパワーストーンを置きます。4分の1ずつの箇所に、4つのエレメントを表すピラーキャンドルを四方に置きます。キャンドルには、あらかじめナイフで各エレメントのシンボルを刻んでおきます。サークルの中央のバーニングポットでルースインセンスを燃やしましょう。その横に、羽根（または扇子）と、ベル（またはシンギングボウル）を並べます。各エレメントに呼びかけたら、東の方向を向き、羽根で煙を体のほうにあおいで、魔力を清めてエネルギーを注ぎます。ベルを鳴らし、自分の魔力と自然の波長を調和させましょう。

BALANCE CIRCLES
バランスサークル
シャドーセルフに光を当て、統合する

用意するもの

テーブル（または机）……1台

ティーライトキャンドル……1本

祭壇クロス（黒）……1枚

タンブルストーン（黒、白、透明、灰色）、聖油、マッチ……各適宜

＊タンブルストーンの黒は、ブラックトルマリン、オニキス、オブシディアン、ヘマタイトなど、白や透明のものはセレナイト、クォーツ、ムーンストーン、カルサイトなど、灰色のものはグレーアゲート、スモーキークォーツ、ロードストーン、ラブラドライトなど。聖油は、ヘンプシードオイルにローズマリー（保護）やラベンダー（落ち着き）、ヨモギ（内省）などシャドーセルフと向きあうときの助けになるハーブ（各適量）を浸してつくる。サークルのまわりに晩春の花やハーブを飾っても

光と影を考えるとき、その根本に相互依存があることを認めないわけにはいきません。光がなければ影はなく、その逆もしかり。1つがなければ、もう1つも存在しえないのです。これがバランスです。シャドウ（影）、私たちの奥深くに住む暗い部分は、しばしば「悪」と認識される要素から成り立って

います。こうした要素は抑圧され、潜在意識の奥深くにしまわれてしまうので、日の光を見ることは決してありません。そして、出口のない闇の中にわだかまり、私たちを押しつぶし、成長の可能性を摘み取ってしまいます。こうした要素に光を当て、変化させることで、これらを統合し、ありのままの自分のバランスを保つことができます。

　この祭壇には、プライベートな空間を選びます。寝室や屋根裏部屋など、屋内がおすすめです。テーブルや机の上に黒い祭壇クロスを敷き、水晶でヴェン図（複数の集合を表す円や楕円）のサークルを2つ重なるように描きます。塗料やチョークで描いてもいいでしょう。左側のストーンサークルには、黒い石を置いてシャドーセルフを、右側には白や透明の明るい石を置いて、自分の光の部分を表します。この2つのサークルの重なる部分には、灰色の石を置きます。ダークサークルでは、聖油をすり込んだティーライトキャンドルを灯します。キャンドルの光のもとで熟考し、シャドーセルフに光を当てましょう。そこに潜む思考、感覚、習慣を見つめ、どうしたらそれらを自分の光の部分に統合できるかを考えます。それぞれの影を安全で建設的な空間に持ってくるにはどうすればいいでしょう？　瞑想するごとに、ダークサークルの石を1つずつ手に取り、2つのサークルが重なるグレーサークルに置いて、影の統合を表現します。

DECORATED EGG BASKET
エッグバスケット
目標の成長に向けて、安全な場所を整える

用意するもの

祭壇クロス（白）……1枚

編みカゴ（ヤナギやオーク材）……1個

ゆで卵、ドライハーブ、苔、草、植物性染料、
紙、ペン、封蝋、クレヨン（好きな色）、フレッ
シュハーブ、花……各適宜

＊ゆで卵は、鶏卵の代わりに、木や石膏の
卵にペイントしたものや、卵型の金、チョコ
レート、陶器、インペリアル・イースターエッ
グでも。植物性染料は、ビネガー、水、ビー
ツ、ほうれん草、赤キャベツ、コーヒー、パ
プリカ、ブドウの皮、玉ネギの皮（各適量）
でつくる。ドライハーブは、ラベンダー、ミン
ト、レモンバーム、セージなど。フレッシュハー
ブや花は、オスタラに関するもの

　納屋や物置の角や割れ目、木の窪みや
巣箱、とげだらけのもつれた藪の中にある
鳥の巣では、卵が春の目覚めを待っていま
す。卵は、古代から再生、復活、豊穣と
結びつけて考えられてきました。ゲルマン
の民間伝承では、女神エオストレは、けが
した鳥を不憫に思い、野ウサギに変え、カ

ラフルな卵を産む能力を授けたと言われて
います。野ウサギが驚くほどたくさんの卵を
産んだので、女神は、今度は嫉妬し、ウ
サギ座にしてオリオン座の下に置いたとか。
毎年春になると野ウサギは女神に許され、
空から降り、子どもたちにカラフルな卵を贈
るのだそうです。

　オスタラの朝にはゆで卵を用意しましょ
う。十分に冷えたら、愛、豊穣、成長を
表すハートやサークル、エジプト十字（♀）
をクレヨンで描き込みます。ビネガーと水を
混ぜて、ビーツ、ほうれん草、赤キャベツ、
コーヒー、パプリカ、ブドウの皮、玉ネギ
の皮などの生ものを浸けると植物性染料に
なります。これに卵を浸して着色しましょう。
着色する代わりに、目標を書いた紙で卵を
包み、封蝋で閉じてもいいでしょう。ヤナギ
やオーク材の編みカゴに苔や草、ドライハー
ブを敷いて卵を寝かせます。フレッシュハー
ブや花も一緒に入れて。このカゴが象徴的
な巣となり、ここから新たな命がはじけて、
成長と共にあなたの目標を守ってくれるで
しょう。この成長・豊穣の儀式がおわったら、
卵を食べて目標を自分のうちに取り込んで
育んでも、庭に埋めて植物と一緒に成長さ
せてもいいでしょう。

HERB SHELF
ハーブシェルフ
目標の成長を促す

用意するもの

祭壇クロス（緑色）……1枚

グリーンアベンチュリン、ベル（またはシンギングボウル）、バーニングポット（またはインセンスポット）、じょうろ（小）……各1個

ハーブ シェルフ、鉢、培養土、種や苗木、紙、ペン……各適宜

＊鉢は、テラコッタ、陶器、セラミック、泥炭など自然素材のもの。種や苗木はインボルクの時期に祝福しておいたもの

❦

　春分のハーブは、豊穣や成長の魔術のための特別なもの。タンポポ、シロザ、ハコベ、イラクサ、ニワトコ、レモンバーム、ミント、ルリジサ、バジル、カモミール、セージ、スミレなど、早春のハーブはすべて夏の暑い太陽に覆われる前の地から、はじけるように出てきます。幅広い用途の薬草でもあり、栄養たっぷりのサラダ、スープ、お茶、スムージーにもなりますが、その波動もエネルギーとなって、魔力を増幅させます。とりわけ種、つまり命のごく初期から育てた植物がそうです。シンボルを使った魔術では、聖なる神秘の空間で育てた植物が、あなたの波長とぴったりあうことでしょう。

　東向きの日当たりのよい棚や窓際に、聖なるハーブシェルフを置いて、緑色の祭壇クロスをかけ、この季節のもたらす成長を表現しましょう。鉢に培養土を4分の3まで入れます。それぞれの鉢に、インボルクの時期に祝福した種を植えます。生きて呼吸をしているこの祭壇では、自然のエレメントに呼びかけたくなるかもしれません。西には小さなじょうろ、北にはグリーンアベンチュリン、東にはベルか小さなシンギングボウルを置いて、成長する種のエネルギーの波動に刺激を与えます。南にはバーニングポットやインセンスポットを置き、有害なものやネガティブなエネルギーを寄せつけないようにしましょう。小さな紙に新年の目標を書いて、各鉢の下に置きます。こうすることで、目標が植物と一緒に育っていくのを見届けられます。葉が2組生えてきたら、このままハーブシェルフで育てても、大きな鉢や庭に移し替えてもいいでしょう。こうしたハーブは、あなた自身の魔力をたっぷりと受けています。乾燥させたり、お茶にしたり、成長や新しいこと、愛情、豊穣の魔術に使ったりと活用してください。

GROWTH GROTTO
成長の洞窟
ひらめきや才能を育む空間づくり

用意するもの

ピラーキャンドル（白、緑色）……各1本

燭台（金製）……2本

祭壇クロス（緑色）……1枚

壺、ボウル（石製またはガラス製）、水差し……各1個

石（または枝、つる性植物）、リネン（またはシルク／緑色）、木々（本物でもフェイクでも）、水晶、パワーストーン、カラフルな春の花、ハーブ、天然水、マッチ……各適宜

＊つる性植物はつるバラ、フジ、アイビーなど。水晶はグリーンアベンチュリン、モスアゲート、ツリーアゲートなど。パワーストーンはグリーンカルサイト、リオライトなど。春の花はスミレ、ラッパズイセン、クロッカス、アヤメ、ヒヤシンスなど。ハーブはアルファルファ、ミント、タイム、カモミール、パチュリ、バジルなど。家の中の場合、石の代わりに机（またはテーブル）、カーテン、植物を用意

❧

春の訪れと共に無限のエネルギーが満ちて成長をうながします。随所で新しい生命が急速に芽を出し、光が差して、私たちを取り巻く世界が花開きます。オスタラは、独創的な力を伸ばしたり、知識を広げたり、財を増やしたり、新たな命づくりに理想的な時期。みずみずしく成長するものたちは、あふれ出るようなエネルギーの証です。そうしたものに囲まれた聖なるサークルの中で新しいことに取り組めば、一層の効果が期待できます。

洞窟は、自然または人工の小さな洞穴で、祈りのための深い静寂をもたらします。古代ギリシャやローマの建築で多用され、聖水を秘めてもいました。

石や枝を使ったり、アーチにつる性植物をはわせたりして小さな洞窟をつくります。室内の場合、机やテーブルの下の空間を使い、カーテンをかけたり、「入り口」に植物を置いたりして、庭らしい雰囲気を演出します。洞窟の外側は緑色のリネンやシルク、木々、水晶やパワーストーンで飾ります。好みでカラフルな春の花を添えてもいいでしょう。内側には、緑色の祭壇クロスを敷き、ボウルを置きます。水差しに天然水を注ぎ、成長を促すハーブを入れ、朝の光が差す場所に置いておきます。こうしてできた聖水をボウルに入れ、水晶やパワーストーンを浸したり、マニプラチャクラ（みぞおちにある成長を促す部分）やパルスポイント（脈拍を取れる部分）にすり込み、生命力の流れをうながします。

CHAPTER 4

BELTANE

ベルテイン

北半球 5 月 1 日、南半球 11 月 1 日

ベルテインは、春分と夏至の間のクロスクォーターの祭日で、1 年の輪のケルトの 4 大火祭のうち 2 つ目にあたります。ゲール語で「幸運の火」を意味するベルテインは、ケルトの太陽神ベレヌスの戴冠を祝う日です。アイルランド北西にあるベルタニーストーンサークルは青銅器時代の遺跡で、ベルテインの日には、サークルのうち唯一装飾の施された石の上から太陽が昇り、印象的な光景が展開します。これは、古代異教徒の村の丘でたかれていた大かがり火を表していると考えられます。

　5 月に夏への移行を祝う習慣は、様々な文化に見られます。ゲルマンでは、キリスト教徒たちが聖ワルブルガの列聖を記念してヴァルプルギスの夜を祝い、古代ローマでは、フロラリア祭で花の女神フローラを祝いました。

　古アイルランド暦では、ベルテインは夏のはじまりを告げ、1 年のちょうど真ん中にあって、私たちを闇から光へ、成長から収穫へと導いてくれます。人間と超自然界を分けるベールが薄くなる境界時期とも考えられ、魔女、フェアリーなど様々な自然の精霊たちが歩きまわります。そのため、古代の異教徒たちは、ありがたくない魔法から身を守るための工夫をしていました。ベルテインは霊的交信や占いの儀式を行うのに、サウィンと並んで 1 年のうちで最もパワーが発揮される時期です。現代のベルテインの祝祭では、古代異教徒のいろいろな伝統が組みあわされていますが、春から夏への移り変わりがもたらす豊かさや情熱に重点が置かれます。愛情、繁殖、結婚、婚約などはベルテインの伝統的テーマで、神と女神の結合がこれを表しています。

BELTANE ALTAR
ベルテインの祭壇

ベルテインの祭壇は、晩春の野に咲き乱れる花のように生き生きとしてカラフルです。エネルギーに満ちた花やみずみずしい木々、豊穣のシンボルやベルファイアの力強い炎で飾れば、聖域に美しさと生命力をもたらすことができます。

ベルテインに関するあれこれ

別称：ヴァルプルギスの夜（ゲルマン）、５月祭（アングロサクソン）、フロラリア（ローマ）

色：緑色、紫、黄色、ピンク、スカイブルー、ローズレッド

水晶、パワーストーン：ローズクォーツ、グリーンアベンチュリン、フローライト、エメラルド、トルマリン、レインボームーンストーン、ブラッドストーン

神々：ワルプルガ（キリスト教）、フレイヤ（ノルウェー）、メイクイーン（アングロサクソン）、フローラ（ローマ）、ガイア（ギリシャ）、クレイゼラッド（ウェールズ）

エレメント：空気、火

花、ハーブ、木：サンザシ、セイヨウナナカマド、スズラン、キバナノクリンザクラ、シャクヤク、ボタン、バラ、ライラック、ヤグルマギク、ラベンダー、ジギタリス、ヒース、スイカズラ、レンギョウ、タンポポ、ローズマリー、レモンバーム、ミント、ヨモギ、クルマバソウ、フキタンポポ

食べ物：ハチミツ酒、ハチミツ、オーツ麦、パンやケーキ、初夏の野菜、サラダ

シンボル：火、花冠や花輪、メイバスケット（花やスイーツが入ったカゴ）、メイポール、メイバウやメイブッシュ、花、リボン、サンザシ

テーマ：再生、浄化、祝福、美、霊的交信、守護、繁殖、妊娠、結婚、豊穣

ベルテインの祭壇には、夏の青々とした草のようなエメラルドグリーンのクロスを敷き、バラ、ゼラニウム、パンジー、シャクヤク、ボタン、デイジー、サクラソウといった初夏の花の花輪を飾ります。レインボーカラーのピラーキャンドルやテーパーキャンドルも飾りましょう。ローズクォーツ、ブラッドストーン、エメラルド、グリーンアベンチュリンなど、ポジティブで豊かなエネルギーを放つ水晶やパワーストーンもおすすめです。

火祭であるベルテインは、火のエレメントが地上の生命にもたらすあらゆるもの、情熱、刺激、浄化、守護を祝います。古代では、ベルテインの前夜から夜明けまで、太陽の回帰を象徴する2つのかがり火が丘の上でたかれていました。ここには、浄化と豊穣の儀式という二重の意味も込められていて、畜牛はこの2つの火の間を通って牧草地へ連れていかれ、病気を払い落として豊穣の祝福を受けました。ベルテインの聖火は、ケルトの太陽神ベレヌスへの祈りでもあり、「ベルファイア」とも呼ばれ、炎を囲んで踊りや婚約式や浄化の儀式が繰り広げられました。村人たちは暖炉の火を消したあとに、ベルテインの火を移したキャンドルやたいまつを使って再び火を灯し、その祝福を家に呼び込みました。火の消えたあとの灰は、実り多き収穫のために野にまかれます。ベルテインの祭壇に火を取り込めば、幸運、豊かさ、愛情、清め、守護、永遠の絆が家庭にもたらされます。小さなバーニングポットでハーブや炭を燃やしたり、ジャスミン、セージ、チューベローズ、トケイソウ、バニラ、ビャクダン、ヨモギ、ローズマリー、レモンバーム、ミント、ラベンダー、クルマバソウ、バラなど、この季節のインセンスをたいたりしてもいいでしょう。ジャーキャンドルやランタンの土台をオークやカバの小枝で飾って、ベルファイアを表現するのもいいアイデアです。

花もベルテインには欠かせないシンボルで、この季節がもたらす豊かさを表します。1年の輪のこの時期、カラフルな花は地上を美しく飾り、しばしば花冠や花輪やリースにされ、円形は生命のサイクルと太陽の再生を象徴します。古代の異教徒たちは、祭りで花輪をかぶったり、小川や池に投げ込んで水の精霊に供えたりしました。ヤナギやリンゴの木の小枝と花で自分だけの花輪を編んで、ベルテインの祭壇に飾ってみましょう。メイブッシュでもベルテインの花を楽しめます。

　メイブッシュとは、農家の庭や村の中心
に立つサンザシの木を、サクラソウやマン
サクやセイヨウナナカマドのような黄色い花
と、カラフルなリボンやキャンドルで飾りつ
けしたものです。昔の人々は、メイバスケッ
トと呼ばれる花やスイーツがたくさん入った
バスケットを、友人やご近所にお祝いとし
て贈ったり、意中の人の家の扉にかけたり
していました。友達や恋人に贈るメイバス
ケットを祭壇に飾ってみましょう。

　5月祭を彩るのは花々だけではありませ
ん。ベルテインの朝露には魔力があるとさ
れ、乙女たちはサンザシから雫を集めては、
永遠の若さを保てるようにと顔を洗っていま
した。この聖水を小さな瓶に入れて祭壇に
供え、体や魔法のツールを清めることもでき
ます。

　人々はメイポールの踊り、炎の上のジャン
プ、求愛の儀式、婚約などの繁栄や義
務にかかわる儀式を通してこの季節の豊か
さを祝い、象徴的に大地の恵みを目覚めさ
せました。

ベルテインの朝露には魔力があるとされ、
乙女たちはサンザシから雫を集めては、
永遠の若さを保てるようにと顔を洗っていました。

昔のイングランドでは、森から切り出してきた木の形を整え、花や木々で飾って村の中心に設置していました。これをメイポールと呼びます。これにダンスをしながらカラフルなリボンを巻きつけていき、男性と女性のエネルギーの絡みあいを表現します。編みあわされたリボンはメイクイーンとキング（5月の女王と王）、あるいはウィッカの神と女神の結合のシンボルであり、インボルクの屈託のない遊びが愛へと成長し、もうすぐ実りをもたらすことを示しています。

神々を取り入れるなら、女神とグリーンマンの婚礼を用意しても。この時期、女神は角の生えた神と恋人になり、身ごもります。スコットランドのオーツ麦のケーキ、初夏のフルーツや野菜、パンなどは伝統的初夏の食べ物として、婚礼の食卓におなじみです。伝統的なメイボウルもいいでしょう。これはクルマバソウなどの春の花が漬け込まれたワインやパンチです。ただしラッパズイセンやスズランなどの花には毒があるので注意しましょう。ベルテインはメイクイーンがダークマザー（闇の母）であるカリアッハベーラを圧倒して君臨する時期でもあるので、フローラ、クレイゼラッド、ガイア、フレイヤや

その他の豊穣の神や母神の像に、白いドレスを着せて花を飾って、彼女の戴冠を祝うのもいいアイデアです。この時期は、自然の精霊も活発になります。フェアリーに会いたくなったら、セイヨウナナカマドの枝を輪の形によりあわせて見つめるといいと言われています。

* 77ページの祭壇
用意するもの

祭壇クロス（白）、布（メッシュ／生成）、ペーパー（緑色）……各1枚

ボウル（木製または銅製／フタつき）……1個

ピラーキャンドル（薄紫）……2本

燭台（金製／黒）……各1本

花輪、花束、水晶、リボン（ピンク、スカイブルー、紫など）、マッチ……各適宜

・花輪はヤナギやリンゴの木の小枝とベルテインに関する花でつくる。花束、水晶はベルテインに関するもの

FIRE PIT OF PROTECTION
守護のファイアピット
体と心を清め、守護する

用意するもの

ファイアピット（または鉄製の器）
……1個

ピラーキャンドル……1本

石、たきつけ（小枝など）、薪、ワイン、ハチミツ酒（または塩）、花、木々、水晶、パワーストーン、ドライハーブ、樹脂、瓶、缶、マッチ……各適宜

＊携帯ファイアピットとは、穴やたき火、窯、レンガで仕切った場所や、鉄や石の容器など、火をたく空間のこと。水晶やパワーストーンはクリアクォーツ、アメジスト、ブラックトルマリンなど。ドライハーブや樹脂は、セージ、ラベンダー、シダー、タイム、フランキンセンス、ミルラなど。花や木々は、サンザシ、シャクヤク、ボタン、バラ、ユリ、アヤメ、ゼラニウム、ラベンダーなど。屋内の場合、ジャーキャンドル、木の樹皮（カバノキ、マツ、サクラなど）を用意

❦

　ベルテインの火は、太陽の回帰を表すだけでなく、地の浄化の儀式としても働きます。古代の農業では、火をたいた煙で有害なものや悪霊を野から追放し、放牧に向かう家畜たちの病気を祓っていました。村人たちは儀式の一環として、ベルファイアの燃える丘の上で踊り、炎を囲んで飛びまわって、体と心を清めました。また、ベルファイアの燃え残りやその炎で灯したたいまつを家に持ち帰り、暖炉に聖なる守護の火を移し、ベルテインのかがり火の灰は、魔除けとして保管され、作物にまかれていました。

　ベルファイアを石や携帯ファイアピット、鉄製の器で再現してみましょう。オーク、カバノキ、リンゴなどのドルイドの神聖な樹木からたきつけと薪を集め、ワイン、ハチミツ酒または塩を薪にかけて祝福します。ファイアピットの外側をベルテインにちなんだ花や木々、浄化と守護の水晶で飾り、火をつけて、浄化と守護のハーブや樹脂を投げ込んで古代の儀式をはじめます。炎のまわりで踊ったり、瞑想したり、成長の季節の間の守護を祈ったりと、どんな儀式でも結構です。魔術のツールに煙をかけて清め、ファイアピットの炎で、暖炉や、家や祭壇にあるキャンドルを灯します。火が消えたら、灰を地にまくか、瓶や缶に入れておいて守護の儀式やおまじないのときに使いましょう。

　屋外が無理な場合、ジャーキャンドルを使ってベルファイアをつくります。キャンドルのまわりを石やカバノキ、マツ、サクラなどの神聖な木の樹皮、花、水晶などで飾りましょう。

BEAUTY VANITY
美のドレッサー
体の中にも外にも、健康、運、美を呼び寄せる

用意するもの

クロス（清潔な自然繊維のもの）
祭壇クロス（ピンク／または銀製トレー）
……各1枚

瓶、水差し（ガラス製）……各1本

ボウル（ガラス製）、美顔ローラー（クリスタル製／または水晶）、花瓶……各1個

ガーゼ、花、ピラーキャンドル（またはテーパーキャンドル／ピンク、白）、燭台（ヒマラヤのピンクソルト製）、鏡、マッチ……各適宜

＊花は、サンザシ、シャクヤク、ボタン、バラ、ユリ、アヤメ、ゼラニウム、ラベンダーなど。水晶やパワーストーンはローズクォーツ、アメシスト、アクアマリン、ブルーレースアゲート、ジェイド、レピドライトなど。雫は天然水でも可

　おしゃれもベルテインの伝統の1つで、人々は豊穣、愛、健康、美を求めて聖なる井戸を訪れ、乙女たちは朝露にもベルテインの魔力があると信じていました。5月初めにサンザシの朝露で顔を洗えば、永遠の

健康、運、美が約束されると言います。
　ベルテインの朝日が昇ったら、自然繊維のクロスを芝生の上に敷いて、湿気をしっかりと吸わせましょう。瓶に雫を絞り、一杯になるまで繰り返します。ガーゼでこしてから、おしゃれなガラスの水差しに移します。ピンクの祭壇クロスか銀のトレーをドレッサーや洗面台のスペースに敷き、ベルテインにちなんだ花と、クリスタルの美顔ローラーまたは癒しの水晶を置きます。ピンクと白のピラーキャンドルまたはテーパーキャンドル、ヒマラヤのピンクソルトでできた燭台もお忘れなく。雫を集めた水を水差しからボウルに注ぎ、内側からも外側からも輝きが引き出されるように、優しく顔にかけましょう。この5月の聖なる雫水は魅力を引き出したり、愛をかなえたり、美しさを手に入れたいときのおまじないにも使えます。神々を取り入れるなら、ローマ神話の女神ディアナを飾ってみては。ベルテインの雫水は彼女にささげられているとされ、ディアナは「雫のように爽やかな女神」とも呼ばれています。
　雫を集めるのが難しい場合、天然水で代用できます。ベルテインの朝日のエネルギーを水に取り込みましょう。

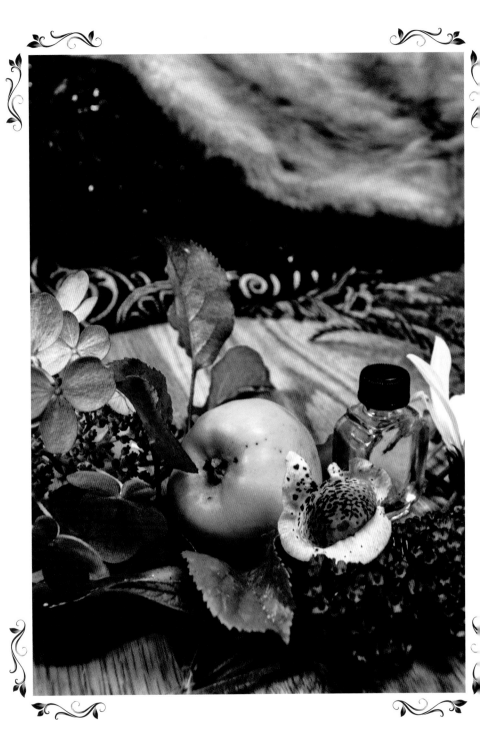

FERTILITY GARLAND
豊穣の花輪

繁栄と豊穣の魔術のための豊かな空間をつくる

用意するもの

バッグ（またはボックス / コンポスト用）
……1個

水晶、パワーストーン、ハーブ、種、フルーツ、花、木々、インセンス（リンゴの花）、インセンスポット、聖油（ボトル瓶入り）、羽根（または扇子）、マッチ……各適宜

＊水晶やパワーストーンはシトリン、グリーンアベンチュリン、ムーンストーン、ジェイド、カーネリアンなど。ハーブはローズマリー、マートル、バジルなど。フルーツはザクロ、リンゴ、イチジクなど。花はバラ、ポピー、ジャスミン、ラン、ユリ、スイレンなど。木々は苔、シダ、セイヨウナナカマド、オーク、サンザシなど。聖油はイブニングプリムローズオイル、ザクロオイル、メマツヨイグサとスウィートオレンジのエッセンシャルオイル（各適量）を混ぜてつくる

⋈

　ベルテインの季節に、花開く大地の豊穣のエネルギーは最高潮に達します。1年のうち最も力あふれる時期であり、赤ちゃんを授かりたい、斬新なアイディアが欲しい、仕事を発展させたいなど、成長の魔術には絶好のタイミングです。古代異教徒の夫婦は、赤ちゃんを授かることを願いながら

野や森でひと晩愛しあうことを通して、メイブ、すなわちベルテイン前夜の豊穣のエネルギーを取り込んでいました。朝が明けると、2人はサンザシの花や枝を持ち帰り、納屋や家を祝福していました。ベルテインでは、花冠や花輪が編まれますが、生命のサイクルを表す形は、人を惹きつける花々の力を呼び起こします。

　ベルテイン前夜には、水晶、パワーストーン、ハーブ、種、フルーツ、花、木々など繁栄や豊穣のシンボルアイテムを集めましょう。夕暮れ時に、シンボルアイテムを使ってベッドや聖域を囲むように、大きなサークルを描きます。リンゴの花のインセンスをたき、煙を羽根や扇子などで周囲に広げて、サークルを清め、エネルギーをチャージします。この内側で、サクラルチャクラと呼ばれる第2チャクラ（丹田）に聖油を塗ります。目を閉じて、うっとりとするような花の香りや、サークルの豊かなエネルギーについて瞑想し、豊かさを願う儀式、成長のおまじない、聖なる女性の儀式を行います。ベルテインの朝が明けたら、サークルを解いて、インテリアとして飾りましょう。花やハーブが枯れたら、コンポスト用のバッグやボックスに入れ、庭や果樹の根元に埋めます。

　大きなサークルの代わりに、花冠をつくり、これをかぶって儀式を行ってもいいでしょう。

TABLETOP MAYPOLE
卓上メイポール

エネルギーの豊かな結合を表現する

用意するもの

祭壇クロス（緑色）……1枚

リース……1個

枝（木から自然に落ちた直径8〜10cmほどの太さもの）……1本

花、木々、聖油、リボン（シルクまたはリネン製 / 明るい青、緑色、ピンク、紫、黄色 / 枝の2倍以上の長さ）、のこぎり、ナイフ（または彫刻刀）、木工ボンド（またはネジ）、ワイヤー、音楽……各適宜

＊リースは、ヤナギ、ハシバミ、リンゴなどの木の枝でつくる。枝は、オーク、サンザシ、セイヨウナナカマドなどのもの。聖油は、ココナッツオイル、フランキンセンスとゼラニウム、ジャスミン、カモミールのエッセンシャルオイル（各適量）を混ぜてつくる。花や木々は、ベルテインにちなんだサンザシ、サクラソウ、ブルーベル、ライラック、マリゴールド、デイジー、ラベンダーなど。音楽は、伝統的な弦楽器や管楽器のもの。用意できれば、グルーガンがあると便利。枝が手に入らない場合、木製のキッチンペーパーホルダーでつくっても

メイポールの起源については様々な説がありますが、復興異教徒の間では、ゲルマン地域のベルテインの祝祭で挙げられる豊穣の儀式の中心だったというのが定説です。ポール自体は、カバノキ、マツ、サクラなどの神聖な若木を伐採して樹皮をはぎ取ったもので、これを村の草地の中心に立てて、力強いエネルギーを備えた男根の象徴とします。それに飾られる、愛らしい花や木々の花輪、カラフルなリボンは、女性の生殖力のシンボルです。メイデイに、花で飾られた、ゆったりした白いドレスの若い娘たちがポールを囲んで踊り、まわりながらリボンを巻きつけて、女性と男性のエネルギーの結合を表現します。その前夜に森で愛しあった恋人たちも、交わした愛が結実して赤ちゃんを授かれるよう、ダンスに加わります。

スウェーデンでは、このポールはベルテインの日ではなく夏至に立てられ、ミッドサマーポールと呼ばれますが、これも古い豊穣の儀式と深く結びついています。メイポールは単に、地から伸びる春の芽のシンボルにすぎないとする説もあります。文化や地域ごとに違いはありますが、現代でもメイポールは様々な国や地域に伝わる祭りの一環として、メイデイに町の広場や校庭に立てられ、人々は季節の祝福を喜ぶのです。

　友達や家族とポールを囲んで踊ったり、豊穣と成長への静かな賛歌をささげて敬意を示したりといろいろな祝いかたがありますが、聖なるベルテインの空間の重要な要素となるのがメイポールです。祭壇に取り入れて、豊穣のサークルの中央に立てたり、家の中や庭で独立した神殿として設置したりしましょう。場所を選んだら、しっかりとした平面に緑色の祭壇クロスを敷きます。このとき、周囲をまわれるくらいのスペースを取ります。メイポールをつくるには、オーク、サンザシ、セイヨウナナカマドの木から自然に落ちた、直径8〜10cmほどの枝を集め、ナイフや彫刻刀で樹皮、葉、小枝を取り除きます。のこぎりを使って、一番太い部分を下にし、5cmほどにカットします。ここに木工ボンドやねじで枝を立ててポールにします。好みで聖油を塗ってもいいでしょう。次に、ヤナギやハシバミやリンゴの木の枝を丸く編んだリースに、ベルテインにちなんだ花や木々を巻きつけて花輪をつくります。必要なら、ワイヤーで花を固定します。花輪とポールの頂点の直径が大体同じになるように注意しましょう。できあがったら、明るいトーンの青、緑色、ピンク、紫、黄色のシルクかリネンのリボンを、ポールの高さの少なくとも倍の長さになるようにカットします。誰かと一緒に祝う場合は、各自でリボンを用意して、ポールに巻きつけましょう。自分だけの場合は、それぞれのリボンに目標を託します。目標によって色を選んでもいいでしょう。例えば、豊かさには緑色、愛情関係には赤、スピリチュアルな目覚めには紫、といった具合です。

誰かと一緒に祝う場合は、各自でリボンを用意して、
ポールに巻きつけましょう。
自分だけの場合は、それぞれのリボンに目標を託します。
目標によって色を選んでもいいでしょう。
例えば、豊かさには緑色、愛情関係には赤、
スピリチュアルな目覚めには紫、といった具合です。

それぞれのリボンの端を花輪に結び、グルーガンかワイヤーを使って花輪をポールに固定します。これで準備ができました。ポールを祝福し、伝統的な弦楽器や管楽器の音楽をかけて、卓上メイポールのまわりで踊りながら、季節を祝してリボンを巻いていきましょう。巻くときによく歌われるメイデイの歌は次の通りです。

「光と喜びに包まれて
　木のまわりで踊ります
　成長と豊穣を祝して
　大地と自分のために、心と富のために
　健やかな毎日を願って、リボンを巻きます
　オーク、サンザシ、5月の木々よ
　花の入ったバスケットを与えてください
　満開になり、咲き乱れ
　すくすくと伸びる花々を
　メイポールのまわりで
　皆で一緒に踊ります」

最後に1つ。木製のキッチンペーパーホルダーにグルーガンでリボンを固定したものも、メイポールとして代用できます。

POLLINATOR GARDEN
授粉の花園

私たちに栄養をもたらしてくれる生物たちに栄養を届ける

用意するもの

たらい（または排水のできるレイズドベッド）、じょうろ、ボウル……各1個

土（オーガニックのもの）、泥、シーソルト（海塩）、枯木の大枝、肥料（または灰など）、植物や種、水晶（グリーンアベンチュリンやローズクォーツなど）、巣箱、エサ箱……各適宜

＊用意できれば、腐りかけのフルーツも

　果樹や花は、恵みの季節の5月に開花しますが、ここに至るまで熱心に作業してきた「作業者」の存在は忘れられがちです。どんな果実も種子植物も受粉を必要とします。受粉とはおしべの花粉をめしべに移すことで、たいてい送粉者がこの作業を担います。送粉者には風や水の他、鳥やチョウやハチやハエなどの生物、「作業者」も含まれます。送粉者がなぜ庭で重視されるかと言えば、私たちの健やかで明るいオーラの証明であるということの他に、確実に自然を繁殖させるという実用的な役割も担っているのです。

　たらいや排水のできるレイズドベッド（石などで囲った高くなった花壇）を庭や屋外に設置して、土を入れます。そこにあなたの土地に固有の植物をいろいろと植えていきます。送粉者が長期間花粉を運んでくれるように、早春から晩秋まで咲く植物を選びましょう。早春に咲く植物としては、エンレイソウ、スズラン、ラッパズイセン、タンポポ、スミレ、アジサイ、ルピナス、アヤメなど。夏の植物は、トウワタ、バラ、ユリ、クローバー、キンセンカ、ポピー、デイジー、フジウツギ、コーンフラワー、ジギタリス。秋には、マリゴールド、アキノキリンソウ、アスター、ヒマワリ、バジル、ルリヂシャ、レモンバームが咲きます。ヨルガオやマツヨイグサなど夜開く花も植えれば、コウモリやガなど夜行性生物にも送粉してもらえます。成長と美の柔らかなエネルギーを放つ水晶をあちらこちらに置きましょう。花壇の淵に枯木の大枝を置いておけば、幼虫やハチのすみかになります。好みで、バタフライバドラー（チョウの水たまり）と呼ばれる泥とシーソルトの入ったボウルを置いておけば、チョウやハチが寄ってきます。好みで、ハチや鳥やコウモリのための巣箱やエサ箱を庭の近くに設置しても。腐りかけのフルーツを置いて、働き者のチョウやハエをねぎらうのもいいアイデアです。

FAERIE HOUSE
フェアリーハウス

豊かな収穫に向けてフェアリーたちに祝福してもらう

用意するもの

ヤナギの枝、より糸、布（カーテン用）、花、ハーブ、ヘンルーダ（ドライ）、水晶、ハチミツケーキ、フェアリーケーキ、ハチミツ酒、音楽……各適宜

＊花は、オダマキ、ルピナス、バラ、ヒース、ジギタリス、スズランなどベルテインにちなんだもの。ハーブは、タイム、クマツヅラ、クローバーなど。水晶は、ローズクォーツ、フェアリークォーツ、スピリットクォーツ、アメシストなど。音楽は、フルートやハープ、リュートなどの軽快な音色の楽器の曲や快活な音楽。フェアリーハウスは、ドアで代用することも可能

❦

ケルトの夏の最初の日ベルテインは、言い伝えに登場するフェアリーや自然界の異形などの不思議な生物たちが人間界を跋扈する曖昧な時間でもあります。ケルトの古い伝承によれば、フェアリーは太古のアイルランドを支配していたトゥアハ・デ・ダナーンと呼ばれる神秘的な超自然種族の末裔だとか。トゥアハ・デ・ダナーンは戦いに敗れ、自分の体をごく小さくして地下へと逃げ込みました。彼らはトンネルを伝ってフェアリーの村から村へと渡り歩き、ときには地上に出て愛するアイルランドを訪れると言います。フェアリーは、たくさんの魔力、喜び、運、望みをかなえる力、富、繁栄を手にしていて、好物を供えて彼らを喜ばせれば、祝福を授けてくれると信じられています。

伝統的に、フェアリーの村は、サンザシの木や単体の灌木のまわりに建てられますが、今回は庭のひとけのない場所や、オークの木の下につくりましょう。ヤナギの枝をまとめて曲げ、端のほうをより糸で縛ってフェアリーハウスをつくります。フェアリーはプライベートな空間を好むと言われているので、入り口にドアやカーテンをつけてもいいでしょう。まわりにベルテインの花や、タイム、クマツヅラ、クローバーなどのハーブを散らします。これはフェアリーを喜ばすためだけでなく、彼らの大好きな送粉者を招くためでもあります。フェアリーハウスの庭には、フェアリーにちなんだ水晶を飾ります。好みで、ハチミツケーキやフェアリーケーキを焼いて、ハチミツ酒などハチミツベースの飲み物と一緒にフェアリーハウスの外に供えます。明るい音楽を奏で、陽気に踊って、フェアリーたちを宴に呼びましょう。ただし、フェアリーたちとの恵みの季節の祝祭に夢中になっても、乾燥させたヘンルーダを庭のまわりにまいておくことを忘れずに。おせっかいなフェアリーが意地悪な気を起こしても、ヘンルーダがお守りとなって、不運を寄せつけません。フェアリーハウスをつくったり買ったりするのが難しければ、木の根元にドアをつけて代用することもできます。

CHAPTER 5

MIDSUMMER
夏至

北半球 6 月 21 日、南半球 12 月 21 日

日照時間は夏至に最長になります。夜のとばりが降りはじめ、暖かくかぐわしいそよ風が陽光の降り注ぐ野に物憂げに吹きます。闇におわりが来たように、光にもおわりの時が来ます。1 年の輪では、夏至はターニングポイントで、これを境に 1 年の暗い半分へと移っていきます。夏至をすぎると冬至まで、昼の時間が短くなり、夜の時間が長くなります。

古代、ローマの人々は夏至の頃に、炉辺の女神ウェスタのためにウェスタリア祭を祝っていました。エジプトでは、シリウスの星が再び地下世界から現れて地平線から昇り、誰もが待ち望んだ毎年起こるナイル川の氾濫を告げ、人々は地の再生を喜びました。スカンジナビアでは、村々の一番高い場所で大きな輪に火をつけて、下の水辺まで転がして、太陽の退却を演じました。夏至はケルトの火祭には入っていませんが、重要な祝祭の 1 つであり、夏至前夜に丘の上で燃やされるかがり火は、現代の祭りでもおなじみです。回転する天の輪の上でぐらついている太陽が頂点へと昇れるよう、こうした聖なる火が手助けをするのだと考えられていました。

夏至やベルテインの祝祭は、メイポール

の踊り、婚約、花輪、豊穣の儀式、フェアリーなど異教徒の伝統に連なっていますが、夏至には宴のおわりの予感が漂っています。成長のサイクルはおわりに近づき、収穫が目の前にまで迫ってきました。夏至になると、気の遠くなるほどの重労働と日が早くに暮れる季節を前にして、そろそろ後退するものや、ゆったりとした長い昼間を楽しまねばとソワソワとした気分に襲われます。冬はもうすぐそこまで来ていて、老いも若きも、今日を楽しめと急かされます。ちょうど、シェイクスピアの『真夏の夜の夢』の、野や森で騒ぎを繰り広げる人物たちのように。この時期、私たちは頂点にたどり着いた太陽を祝い、癒しや光、そして闇へ沈む前の最後の楽しいひと時を希求するのです。

LITHA ALTAR
リーザの祭壇

リーザは6月と7月を指すアングロサクソンの言葉に由来し、その祭壇は収穫の時期に向けて農作物を成熟させる太陽の光への賛歌です。この時期の太陽は、まだ力強いものの、日に日に衰えていきます。

リーザに関するあれこれ

別称：真夏、夏至、アルバン・ヘフィン（ドルイド）

色：黄色、金色、オレンジ色、赤、緑色

水晶、パワーストーン：カーネリアン、シトリン、タイガーズアイ、レッドジャスパー、ブラッドストーン、銅

神々：ウェスタ（ローマ）、ラー（エジプト）

エレメント：火

花、ハーブ、木：ヒマワリ、キンセンカ、セイヨウオトギリ、ラベンダー、ローズマリー、カモミール、シナモン、フランキンセンス、リュウケツジュ、クローバー、オニユリ、ポピー、デイジー、コーンフラワー、アラゲハンゴンソウ、スイカズラ、アキノキリンソウ、オーク、モチノキ

食べ物：ハチミツ、ハチミツ酒、夏のベリー類、イチジク、モモ、ネクタリン

シンボル：太陽の輪、太陽十字、かがり火、花輪、キャンドル、ランタン、不死鳥

テーマ：祝祭、陽気な戯れ、炎、太陽

祭壇を野原や森や庭など屋外につくる場合でも、室内の日当たりのよい場所につくる場合でも、ポイントは暖かさと光を地にもたらしてくれる太陽のシンボルを取り入れることです。太陽を喜ぶと共に、感謝をささげたいすべてのものを明るく照らしましょう。ノルウェーによく見られる火の輪や黄金の太陽、日時計、サークル、円盤、風車などで太陽の循環を表すのもいいアイデアです。

火もこの季節の重要な要素で、情熱、成長、成功、独創的な力、やる気、信頼感を与えてくれます。金色、黄色、オレンジ色、赤の太陽カラーのキャンドルを灯し、シナモン、フランキンセンス、リュウケツジュなど火を象徴するハーブやオイルを飾ったり、キャンドルに塗ったりすれば、リーザの祭壇に火の力がもたらされます。シトロネラのキャンドルやたいまつ、地球儀、フェアリーライト、ランタンなども太陽の上昇を助けます。火のエレメントを表す太陽、ライオン、不死鳥、サソリ、錬金術のシンボルを彫ったアイテムや、シトリン、レッドジャスパー、タイガーズアイ、カーネリアンなどの水晶もおすすめです。

夏の間、送粉者は花や木の間を忙しく行き来して、豊かな収穫と自然の繁殖を支えてくれました。チョウやミツバチのシンボルをリーザの祭壇に取り込めば、この季節の豊かさや繁栄を魔術に生かせます。倫理にかなった方法で採集され保管されている標本や、レプリカ、絵、チョウやミツバチが描かれた器などを飾ってみましょう。イチゴ、モモ、ネクタリン、ラズベリー、ブルーベリー、アンズ、イチジクなど真夏のフルーツを盛ったボウルもお忘れなく。水とハチミツでつくった発酵飲料ハチミツ酒は太陽の恵みをたっぷりと受けていて、リーザの祭壇や祝祭にはぴったり。活力を回復させてくれる、聖なる飲み物です。

祭壇を野原や森や庭など屋外につくる場合でも、
室内の日当たりのよい場所につくる場合でも、
ポイントは暖かさと光を地にもたらしてくれる
太陽のシンボルを取り入れることです。
太陽を喜ぶと共に、
感謝をささげたいすべてのものを明るく照らしましょう。

アルコールが苦手という人は、太陽の光を浴びたハチミツにラベンダー、バラ、カモミールといった真夏のハーブを浸けたもので代用できます。この季節の草原には、デイジー、アラゲハンゴンソウ、ユリ、コーンフラワー、ヒマワリ、スイカズラなどの野花、ラベンダー、カモミール、セイヨウオトギリなどのハーブが敷き詰められたように咲いています。そうした草花を祭壇にもあしらって、この季節の豊穣なエネルギーを分けてもらいましょう。メイポールや儀式用の花輪や花冠なら、取り入れやすいでしょう。

田舎のピクニックは、夏至におなじみのイベントです。夏のお楽しみをバスケットに詰め込んで祭壇に供えて、野原に行く前にこの季節の恵みについて考えてみましょう。ハチミツケーキ、ハチミツ酒、真夏のフルーツや野菜、海藻やエディブルフラワーを添えた新鮮なサラダなどは、リーザのピクニックの定番です。夏の恵みをアートにし

て、祭壇に飾ることもできます。フルーツや野菜の汁をしぼって、夏のシンボルや風景を描いてみましょう。夏は薬草がたくさん採れる時期でもあります。バジル、ローリエ、ミント、ローズマリー、ラベンダー、セイヨウオトギリ、タイム、レモンバーム、キンセンカ、セージなどを摘んで、オイルやハチミツに浸けて陽光を当てたり、染料や薬酒、ハチミツと酢を混ぜたオキシメルにしたりして、植物の神秘の波動を祭壇に呼び寄せましょう。もう少しすると新鮮なハーブも手に入らなくなるので、こうしてつくっておいたものは健康維持にも役立ちます。

太陽が最も近くまで来たら、今度は最も遠くまで去っていく時期のはじまりです。闇の回帰を祝うことで、闇に包まれた1年の半分へとスムーズに旅立てます。光に打ち勝つ闇のシンボルを祭壇に取り入れましょう。例えば、皆既日食、日没などのモチーフを飾ったり、金色、黄色、オレンジ色、赤の祭壇クロスに黒いレースや布のクロスを重ねたり。意外なようですが、火と反対のエレメントである水を取り入れてもいいでしょう。水の入った杯や鍋を西の方角に置き、リーザの祭壇に灯した光をかけて、秋へと移り変わる時期に燃える炎を和らげるのです。

太陽が最も近くまで来たら、
今度は最も遠くまで去っていく時期のはじまりです。
闇の回帰を祝うことで、
闇に包まれた 1 年の半分へとスムーズに旅立てます。

神々を取り入れるなら、神の子をたくさん身ごもっている女神を描いた像や祭壇カードがおすすめです。2 人の愛が実り、熟して、ベルテインの豊かな太陽のもとで新たな生命の兆しが見えてきます。収穫の時期には赤ちゃんが生まれて、刈り入れがはじまる頃には神が自らの命を授けることでしょう。民間伝承では、夏至はオークキングの敗北の季節でもあります。ホリーキングが勝利し、王座に就こうとしています。オークの葉や枝、ドングリを飾ってオークキングに敬意を表し、ヤドリギ、ヒイラギを供えて新たな王ホリーキングをたたえましょう。アーネ、ベレヌス、ソル、ラーなど、太陽の神々や女神もリーザの祭壇にまつることができます。

＊ 99 ページの祭壇
用意するもの

祭壇クロス（黄色）、トレー（金製）
……各 1 枚

鍋（またはボウル）、リース、ボウル（銀製、木製、金製）……各 1 個

ハニカムキャンドル（またはミツロウハニカムシートを巻いたピラーキャンドル / 黄色）
……1 本

ラズベリー、ブラックベリー、ドライオレンジ（スライス）、花、木、シナモンスティック、ハーブオイル（瓶入り）、ハチを表すシンボル、ハチの巣、ハーブ、マッチ……各適宜

・ハーブオイルはオリーブオイルにリーザに関するハーブ（各適量）を浸けてつくる

OAK TREE SHRINE
オークツリーの神殿
1年の明るい半分とオークキングの季節に別れを告げる

用意するもの

切り株（またはスツール、テーブル、椅子）、グラス……各1個

祭壇クロス（緑色）……1枚

ボウル（オーク製）……2個

草、葉、苔、ドングリ、きのこ、オークの葉、ワイン、天然水、シンボル（またはオークキングの像）……各適宜

＊草や葉はリーザに関するもの。シンボルは、豊穣、独創的な力、生命、富、知恵、守護、成長を意味するグリーンアベンチュリンや枝編み細工など。また、神殿の代わりにオークの小枝を飾っても

　オークの木で神殿をつくって、夏の支配にそっと別れを告げましょう。オークは古代イングランドの森で最も一般的だった木で、人々から崇拝されていました。ドルイドから最初に祝福された木であり、夏至で祝われるあらゆるもの、すなわち豊穣、独創的な力、健康、成功、強さを表しています。不滅や生命と深く結びついているオークですが、強力な守護者でもあり、オークの力に

頼る者をネガティブなエネルギーから守ってくれます。オークキングとホリーキングの長編伝説を知っている人なら、この季節になると、ホリーキングが王位を要求しにやってくることをご存じでしょう。オークの枝は生命力あふれる緑に包まれて、ドングリもずっしりとしていますが、間もなく地に落ちることになります。

　オークの木の根元や、木の下に台を設置して、神殿をつくります。スツール、切り株、テーブル、椅子などを台にして、緑色の祭壇クロスを敷きます。夏の青々とした草や苔を敷いてもいいでしょう。ドングリや葉、きのこを集めて、神殿のまわりに散らしたり、オーク製のボウルに入れて供えます。感謝の印として、ワインや天然水の入ったグラスを水の方角の西に置きましょう。豊穣、独創的な力、生命、富、知恵、守護、成長のシンボルや、オークキングの像を飾るのもいいアイデアです。神殿の前を通るたびに、ドングリやワインを補充して力強いオークをたたえ、季節の祝福のみを願いましょう。

　オークの木の下に神殿をつくる代わりに、折れて葉がついたままのオークの小枝を飾ってもいいでしょう。枝を切る場合は、木が元気であることを確認して、感謝の印を木にささげてから切ることを忘れないように。

SACRED PICNIC SPACE
聖なるピクニック
夏至の食べ物や賑わいを祝う

用意するもの

ピクニックシート（赤、黄色、金色など）、プレート（金製／またはトレー、切り株／丸）、器（鉄製）、ピクニックバスケット、祝祭の食事、ハニカムキャンドル（またはミツロウハニカムシートを巻いたピラーキャンドル／黄色）、ピラーキャンドル（黄色）、燭台（金製）、花、木々、サマーポプリ、インセンス、インセンスポット、シンボル（ハチの巣など）、ボウル（金製）、マッチ……各適宜

＊サマーポプリはカモミール、キンセンカ、ヒマワリの花弁、セイヨウオトギリ、コーンフラワー、レモンバーム、オレンジのスライスやピール（各適量）をブレンド。インセンスはサンダルウッドやフランキンセンスなど。祝祭の食事は魚の酢漬けや燻製、スモークソーセージ、マスタードとディルを使った新ジャガイモのサラダ、新鮮なグリーンサラダ（ラベンダー、ノウゼンハレン、カボチャ、チャイブ、バジル、バラ、ヒマワリなどのエディブルフラワー添え）、ハチミツケーキ、イチゴパイ、クリスプブレッド（北欧の平たく乾燥したパン／または堅焼きパン）、夏のベリー類やハーブ、スイカ、サンティー（太陽光に当てた水出し紅茶）、しぼりたてジュース、ワイン、エールビール、ジュース、ハチミツ酒など

夏至の祝祭の舞台は屋外。その中でも田舎でのピクニックは大きな目玉です。古代と同じように現代の異教徒たちも、1年で一番長い日をにぎやかに陽気に楽しみます。スウェーデンの人々にとっては、大切な夏の祝祭であり、スモーガスボード（バイキング料理）を堪能します。野や森にシートを広げ、採りたてのフルーツや野菜、ニシン、サマーソーセージ、クリスプブレッドを供えれば、夏の楽しい気分が盛りあがります。踊ったり、音楽を奏でたり、花冠を編んだり、日向ぼっこをしたり、泳いだり、存分に楽しみましょう。成長と豊穣のための儀式も、夏至の祝祭の頃に挙げられることがしばしばです。

森のオークの木の下や丘の上、ビーチや岸辺、草原などがピクニックの定番ですが、家でこぢんまりと日光を浴びながら朝食を取っても。夏至の力と陽光で食卓が満たされることでしょう。太陽の成長エネルギーのある東を向き、太陽の色のピクニックシートを敷きます。キャンドルと花を金のプレートやトレーの中央に飾り、豊穣や、サイクルの頂点にある太陽への感謝を表現しましょう。木々を飾り、火のエレメントのインセンスをたいて、鉄製の器でサマーポプリを煮ます。ピクニックバスケットを広げて、楽しい午後を祝いましょう。ワイン、エールビール、ジュース、ハチミツ酒も楽しんで。食事の間、2つの小さなプレートにフェアリーと大地の異形のためのお供え物もお忘れなく。

SOLAR CHARGING ALTAR
太陽エネルギーをチャージする祭壇
1年のうち最も強力な太陽で魔法のツールを清め、エネルギーをチャージする

用意するもの

ピラーキャンドル（金色または黄色）……1本

トレー（金製／大）、ボウル（ガラス製）、祭壇クロス（白）、魔術や占いのツール、感謝のカード、オークの葉、ドングリ、ハチミツ、ペン、切り株、マッチ……各適宜

＊魔術や占いのツールは普段使っている聖油、花とハーブのブレンド、水晶、パワーストーン、キャンドル、棒、杖など。祭壇クロスを敷いても

❦

夏至の太陽は、明るく輝き、サイクルで最も高い場所から地を照らします。魔術のツールや儀式のアイテムの波長を自然の状態に調整するには、力あふれるこの日が最適です。儀式やおまじないで水晶や杖などのツールを使うと、それらの本来の波長が私たちの目標のほうに傾きます。そうしたことから、仕事で使う道具と同じく、魔術のツールも理想的な状態を保つためのケアが不可欠です。たまった波動のほこりを取り除いて、エネルギーをチャージしましょう。

いろいろな方法がありますが、陽光は特に効果が高く、豊か。無料なのもうれしいところ。

この祭壇は、屋外か、屋内でも日当たりのいい場所に置きます。難しいなら、太陽の代わりにガラスのボウルに入れた金色や黄色のキャンドルを使います。祝祭の期間中は、様々な儀式を行うにあたり、何度もツールをチャージする必要があるため、よく通る場所を選びましょう。この祭壇を通じて、最大の力をツールに放ってもらえるよう太陽に呼びかけます。この祭壇がシンプルなのは、陽光の妨げにならないようにとの配慮から。太陽の恵みを感謝する気持ちをカードに記したり、オークの葉とハチミツを祭壇の横に供えてもいいでしょう。

水晶やパワーストーンによっては、直接日光に当てると色あせたりもろくなったりしてしまう場合があります。アメシスト、フローライト、シトリン、セレスタイン、ローズクォーツ、スモーキークォーツなど、半透明のものは要注意です。また、カットした水晶や球体などは陽光を拡大し1点に集中させて、発火の原因となることもあるので気をつけましょう。

HEALING ALTAR
癒しの祭壇
太陽の癒しの力を呼び寄せる

用意するもの

トレー（木製または金製／丸）……1 枚

瓶（栓つき）……1 本

祭壇クロス（金色または黄色）……1 枚

ピラーキャンドル（赤、黄色、金色など）、
燭台（金製）……各2 本

ボウル（木製）……2 個

天然水（または浄水）、ドライハーブ、花、
ドライオレンジ（スライス）、シトリン（または
琥珀）、銅鑼（または鐘）、煎じ薬、マッチ
……各適宜

＊ドライハーブはカモミール、ムラサキバレ
ンギク、ヤクヨウニンジン、キンミズヒキ、ター
メリック、ノゲシ、タンポポ、キンセンカ、セ
イヨウオトギリ、ナツシロギクなど。花はヒマ
ワリ、キンセンカ、ポピー、バラ、オニユリ、
タンポポ、デイジーなど。煎じ薬をつくる場合、
カモミールやキンセンカ（各適量）を煎じる

❦

太陽の光には生命を維持する力があり、
体も心も癒してくれます。太陽神は癒しの力
を持つとしてあがめられていました。ケルト
の神ベレヌスは病を溶かし、ローマの神ア
ポロは治してくれます。現代でも医師や心
霊治療者たちは、けがや病気の治療に太
陽光を用います。ヨガでも日光浴には癒し
の効果があるとされ、プラーナーヤーマ（火
の息吹）という呼吸法は、太陽のエネル
ギーや火のエレメントと私たちをつなぎ、
体から毒素を取り除いて、精神を清めると
考えられています。

癒しとは個人的な旅であり、これに適し
た祭壇をつくることがポイントです。直射日
光の当たる場所が理想的ですが、騒音や
カオスから遮断された屋内が落ち着くなら、
部屋の日当たりのいい場所を選びましょう。
日の昇る方角に向けて祭壇を置きます。祭
壇クロスを敷き、トレーを祭壇の基礎にし
て、天然水の入った瓶を太陽に向けて置き、
1 年で一番高い位置に向かう太陽のエネル
ギーをチャージします。そのまわりには癒し
のハーブの入ったボウルを置きます。鎮静
効果のある煎じ薬をつくって置いてもいいで
しょう。癒し効果のあるという水晶やパワー
ストーンには、あらかじめ金色のクロスをか
けてエネルギーを十分にチャージします。ま
わりにはキャンドルや夏至の花を飾りましょ
う。正午に太陽が一番高い位置に昇ったら、
太陽の波長にあう銅鑼を鳴らして、癒しの
祭壇にエネルギーを呼び寄せます。

WITCH BEACH BOTTLE
ウィッチビーチボトル

ネガティブなエネルギーや有害なエネルギーを捨て去る

用意するもの

瓶（ガラス製またはセラミック製 / 栓つき）
……1本

ボウル（熱してもよいもの / 大）……1個

水辺で拾ったもの（砂、貝殻、石、羽根、花、ガラス片など）、海水（またはシーソルト入りの天然水）、クッキングシート、ペン、封蝋（ふう）、ドライハーブ（または乾燥した小枝や草など）、マッチ……各適宜

❧

昔から人々は海辺で礼拝を挙げてきたように、魅了されてきました。海辺は地と海が出会う境界であり、魔術で使う瓶などのツールに大いなる力を吹き込んでくれます。こうした瓶は、ウィッチビーチボトル（魔女の海の瓶）とも呼ばれ、かつては妖術から身を守るために使われていました。尿や血、しなびた爪、とげや針を入れ、納屋に隠すと、ウィッチビーチボトルが無事な限り、魔女が害を及ぼさないと信じられていたのです。現代では超自然の攻撃に反撃し、悪意を追い払うときにウィッチビーチボトルを使います。夏至は生命や喜びをもたらしますが、炎の勢いが増すとあっという間に制

御不能に陥ってしまう危険もあるので注意が必要です。このウィッチビーチボトルなら、夏至の太陽の暑さから守ってくれて、野火が広がるのを防いでくれるでしょう。

栓つきの瓶を用意します。海や自然に水が湧き出る場所に行って、砂や貝殻や石、羽根、砂、ガラス片などを集めましょう。1つずつを瓶に入れながら、「海と共に、私の中にある火を鎮めてください」と守護の歌を歌います。ピンとくるものをすべて集めたら、瓶に海水を入れます。クッキングシートに、ホルスの目やミョルニル（トールハンマー）など、守護の印やシンボル、目標、または海水に流してしまいたい物事を書き込みます。例えば、一触即発ですべてを燃やしつくしかねない、荒れ狂う心の炎や怒り、妄念、中毒などです。こうした強力な感情や感覚は、火のエレメントに属し、水によって鎮められます。書きおわったら、クッキングシートを小さく巻いて瓶の中に入れ、栓をして封蝋します。夏至の日没に、このウィッチビーチボトルを、リーザのかがり火の聖なる炎の中に投げ込みましょう。瓶の爆発と共に、あなたの内なる炎がかき消され、太陽の死が告げられます。最後に、この儀式は必ず屋外で、自分や他の人がけがをしたり、事故や火事にならないような場所で十分に気をつけながら行いましょう。

WAKE FOR THE SUN
太陽の通夜

達成した成長を祝い、支えてくれたすべてのものに別れを告げる

用意するもの

テーブル（大）……1台

祭壇クロス（黄色または金色）……1枚

ボーディブキャンドル（白）……4本

花、木々、種、腐りかけのフルーツ、夕食、サマーパンチ、食器（黄色、金色／または木製のもの）、太陽のシンボル、ライト、置時計、管楽器（フルートなど）、ペン、マッチ……各適宜

＊花や木はリーザに関するもの。夕食は、聖なるピクニック（p107）と同じものや、ベリーケーキ、その他の祝祭の残り物でもOK。太陽のシンボルは、金の円盤やプレート、金属アイテムなど。すべてのエレメントが完璧な状態を表す星形五角形（ペンタクル）の描かれたアイテムを飾っても

夏至は、太陽が最も高い位置に来ることを祝うと共に、1年の暗い半分がはじまり、太陽に迫りつつある死を悼む時期でもあります。祝祭の炎の儀式や聖なるピクニックをしながら、私たちは火の輪との別れを惜しんでいるのです。多くの古代異教徒たちは、死者を悼んで告別の儀式を挙げていましたが、アイルランドのウェイク（通夜）ほど1年の輪に密接に結びついている儀式はないでしょう。アイルランドには現在でも、ウェイキング・デッド（使者のための通夜を行う、あるいは、死者を起こす）の習慣が残っており、死者があの世へ行く前にもう一度生きている人々と交流すると考えられています。私たちは太陽のウェイクを通して、これからやってくる闇に備え、太陽を旅へと送り出すのです。

屋外は死にゆく太陽の「すみか」です。テーブルを用意して黄色の祭壇クロスをかけ、太陽のシンボルや夏の花、木々、ライトを飾り、四隅に白いキャンドルを置きます。象徴として、夏至の日没時間に止めた置時計も添えて太陽の死を表現してもいいでしょう。アイルランドの伝統的通夜には泣き女がいますが、管楽器で表します。仕上げに夕食を供えます。

これはあなた自身の通夜でもあり、これまでに達成した成長を祝い、支えてくれたすべてのものに別れを告げる時間です。自分でよい行いと思うことを1つか2つ夏の花や種に書き込み、風にのせて散らします。腐りかけのフルーツには手放してしまいたいことを書いて、少し時間をおいてから硬くなった土に埋めます。素敵な何かが育つかもしれません。

CHAPTER 6
LUGHNASADH
ルーナサ

北半球8月1日、南半球2月1日

1年の闇の半分への入り口であるルーナサは、夏至と秋分の中間に位置する祝日であり、1年の輪の3大収穫祭の最初の祝祭です。第1収穫祭とも呼ばれ、穀物の祭りとして北ヨーロッパで広く祝われ、1回目の小麦の収穫を喜ぶのです。ルーナサは、アイリッシュ・ゲール語で「ルーの祝典」を意味し、ケルト人たちが太陽神ルーのために挙げていた葬儀が起源であると考えられます。アイルランド神話によれば、ルーの育ての母は農耕を行えるよう野を清めたために、極度の疲労で亡くなってしまいました。ルーは、陸上競技や市場や宴会を催し、母を追悼したのです。ルーナサは現代の異教徒からはラマス、ローフマスとも呼ばれます。ラマスは聖燭祭やハロウィンと同じく、異教徒の伝統を取り入れたキリスト教の祝日で、ルーナサを起源としています。アングロサクソンの人々はラマスの祝祭のために、収穫したての小麦粉でパンを焼いて教会に持っていき、祝福を受けていました。祝福を受けたパンは4つに切り分けられ、納屋の四隅に置かれて、収穫した穀物をネズミなどの有害な動物から守っていました。

現代の異教徒たちの祝う第1収穫祭では、アングロサクソンのラマスとケルトのルーナサが入り交じっています。友人や家族と集まり、初春に種まきした作物の刈り入れに取りかかります。最初に収穫された穀物がパンとなり、労働が食糧に変わります。暗く欠乏の季節へと移り行くルーナサは、豊穣の季節のみならず、備えの時期でもあります。穀物自体は生命のサイクルのシンボルであり、食糧として貯蔵されると共に、来春に植えるための種ともなります。

LUGHNASADH ALTAR
ルーナサの祭壇

ルーナサの祭壇は金と第1収穫祭の恵みにあふれています。小麦、オーツ麦、大麦、トウモロコシなどの穀物、ベリー類、ブドウ、リンゴ、プラム、モモなどのフルーツ、カボチャなどの野菜が祭壇を飾ります。

ルーナサに関するあれこれ

別称：ラマス（ラエフマス、ローフマス。以上、アングロサクソン）、グウィル・アウスト（ウェールズ）、第1収穫祭、穀物収穫祭

色：黄色、金色、オレンジ色、緑色、茶色

水晶、パワーストーン：シトリン、レッドジャスパー、カーネリアン、タイガーズアイ、ペリドット、トパーズ

神々：ルー（ケルト）、ケレス（ローマ）、ペルセポネ、デメテル（以上、ギリシャ）、ジョン・バーリーコーン（ケルト）

エレメント：火（または水）

花、ハーブ、木：小麦、大麦、トウモロコシ、オーツ麦、ヒマワリ、セイヨウナツユキソウ、ミント、キンセンカ、スピノサスモモ、ニワトコ、ホップ、野生のリンゴ、ベリー類、ブドウ

食べ物：穀物、パン、ベリー類、エールビール、ワイン、ジャム、バーリーケーキ（大麦のケーキ）、リンゴ、ビルベリー、カボチャ、コルカノン（p135）

シンボル：トウモロコシ、ヒマワリ、小鎌、大鎌、ボリン（p13）、編みカゴ、より糸、鍋、杯

テーマ：収穫、豊穣、繁栄、浄化、準備、変容、死

屋内の日当たりのよい場所にテーブルを置いて、晩夏の淡い草の色やたわわに実る穀物を表す金色の祭壇クロスを敷きましょう。穀物の茎や穂軸、束、花輪状に編んだ木々、ヒマワリやキンセンカなど夏のおわりに咲く花を飾ります。金色、黄色、赤、緑色、茶色、オレンジ色など、収穫初期の色のキャンドルや、穀物やパン用の皿も忘れずに。ニンニクのリースや、柔らかくなった小麦の茎でつくった夏を表す輪や、星形五角形を飾って、死にゆく太陽を表現しましょう。フランキンセンス、リンゴの花、パチュリ、ラベンダー、シナモンなど、この季節のインセンスやハーブを小さな器でたきます。そして独創的な力や啓示に関する水晶を散らし、これから到来する寂しい時間に備えてエネルギーをチャージします。シトリン、レッドジャスパー、カーネリアン、タイガーズアイ、ジェネレータークォーツなどがおすすめです。小鎌、大鎌、編みカゴ、穀物を束ねるためのより糸など、種の結実を刈り取るための農具で収穫を象徴しましょう。実り豊かな季節ではありますが、ふと次のような疑問が脳裏をよぎります。「準備は十分だろうか？ 冬が来る前に仕上げておいたほうがいい計画や目標があるだろうか？ 収穫がおわる前にはじめておくべきことがあるだろうか？」

民間伝承によれば、第1収穫祭の間、ジョン・バーリーコーンが、人間が冬を無事に過ごせるように、自らを犠牲にすると言われています。コーンフラワーやポピーがよく祭壇に供えられるのは、その犠牲の記憶を伝えるためです。第1収穫祭がおわると、最後に刈り取ったトウモロコシの束でつくったコーンドールの中に、コーンマザー（女神ゴッデス）やグレインマザー（穀物の母）、ハーヴェストクイーン（収穫の女王）を入れて守ります。冬の間、こうした人形を家の中に置いて、守ってもらいましょう。北アメリカの異教徒の伝統では、トウモロコシの外皮で人形をつくります。古代ネイティブアメリカンのスピリチュアルな風習から生まれた人形とよく似ているのは、のちにヨーロッパからやってきた初期入植者たちがこの人形を取り入れたためです。祭壇用に小麦やトウモロコシで人形をつくったり、乾燥させた外皮、トウモロコシ、小麦の束を飾ったりすれば、穀物の精霊を表現することができます。

シンボルとして、キッチン用品や食材などを
祭壇に取り入れてみましょう。
季節の恵みは足早にすぎていくものなので、
冬を越すには変容が必要なことに気がつくはずです。

ルーナサの祝祭の中で食卓は重要な要素の1つです。食事のための聖なる空間をつくりましょう。シンボルとして、キッチン用品や食材などを祭壇に取り入れてみましょう。季節の恵みは足早にすぎていくものなので、冬を越すには変容が必要なことに気がつくはずです。乳鉢とすりこぎ、計量スプーン、ハーブ、スパイス、塩、コショウのグラインダー、ビネガー、オイル、缶詰め、瓶詰めなどがおすすめです。焼きたてのパン

の横に、種や穀物の入ったボウルや瓶を並べれば、近いうちに取りかかるべき準備について集中して考えることができます。

　ルーナサは、ケルトの4大火祭の1つですが、現代では、他のクロスクォーターデイのときほど、かがり火がたかれるわけではありません。晩夏の熱さがまだ地上に残っているからでしょう。祭壇では、火のエレメントを象徴として使い、浄化や変容を表現します。収穫にちなんだ色のピラーキャンドルや蜜蝋キャンドルなら、祭壇に必要なエネルギーをもたらしてくれますし、カイエンペパーやセイヨウオトギリ、キンセンカ、ヒマワリ、イラクサ、シナモン、ローリエ、サフランなどのハーブやエッセンシャルオイルをヒマワリ油と混ぜてつくった聖油も、あなたの奥底に火を灯してくれるでしょう。伝統的な火の浄化の儀式を取り入れたい場合は、シモツケやヨモギのルースインセンスを祭壇でたいて、魔法のツールを煙に通します。

神々を取り入れるなら、

この祝祭の語源であるケルトの神ルーに敬意を表しましょう。

ルーは腕のいい職人で、

広く「ケルトの職人の神」と考えられていました。

　神々を取り入れるなら、この祝祭の語源であるケルトの神ルーに敬意を表しましょう。ルーは腕のいい職人で、広く「ケルトの職人の神」と考えられていました。その才能は多岐に渡り、鍛冶、音楽、芸術、スポーツ、詩作にまで及んでいたと言います。ルーをあがめ、祭壇にお供え物をすれば、その職人技と意志の強さを授けてくれるかもしれません。馬の蹄鉄づくり、物書き、裁縫、編み物、ガラス吹き、陶芸、ジュエリーづくり、タロットをはじめとする魔術など、自分の特技や職業に感謝をささげるには、それを表す道具を飾ります。1年の中でもこの時期には、様々なものづくりの大会が催されます。あなたの才能を祭壇に取り入れることは、技能と労力のサイクルをたたえることにつながるのです。

＊119ページの祭壇
用意するもの

祭壇クロス（深緑色）……1枚

カボチャ……1個

ピラーキャンドル（オレンジ色）、燭台（金製）……各2本

器（小／1つは不燃性のもの）……2個

小麦の束、トウモロコシ、トウモロコシの穂軸（ドライ）、ドライハーブ、花、ひも（濃いオレンジ色など）、インセンス、穀物、自分の職業のシンボル、マッチ……各適宜

・ドライハーブはルーナサに関するもの。花はヒマワリなど夏のおわりに咲くもの。インセンスはフランキンセンス、リンゴの花、パチュリ、ラベンダー、シナモンなど。器はインセンスをたいたり、穀物を入れる

ORCHARD SEAT
果樹園の椅子
秋の収穫と共に成長する目標

用意するもの

祭壇クロス（白）……1 枚

テーブル（小）と椅子……1 セット

リンゴ、瓶（広口／大）……各 1 個

ノート……1 冊

ペン、ピラーキャンドル（目標にあった色）、ナイフ、彫刻刀、聖油（キャンドル用／瓶入り）、水晶、パワーストーン、インセンス（リンゴの花）、皿（不燃性、小）、木の枝を輪に結んだもの、マッチ……各適宜

＊聖油は、乾燥させたリンゴの花や種をスウィートアーモンドオイル（各適量）と混ぜてつくる。水晶やパワーストーンは、目標に関連するものと、シトリンやジェイドなど

8月、春に咲いたデリケートなリンゴの花が散り、実が熟しはじめます。数千年前、それまで野生植物だったリンゴの栽培がはじまって以降、栽培と普及を通じて多くの品種が生まれています。古代、ゲルマンやケルト、アングロサクソンの地域では、野生のリンゴは永遠の命のシンボルであり、シードルの貴重な原材料でした。

厳しい冬に耐えた種は、繁殖力のある花となって春に開花し、やがて栄養たっぷ

りのリンゴの実として収穫されます。リンゴはまさに「神の実」の名にふさわしい果実です。ギリシャ神話において、穀物の女神ペルセポネは、不死のリンゴによって冬の間、黄泉の世界に足止めされていると言われ、キリスト教では、神と悪魔の知恵を秘める「禁断の実」とされていました。現代の異教徒たちは、リンゴは各エレメントの完璧なバランスを表す成長のサイクルのシンボルであると考えています。

健康でよく実のなるリンゴの木の下にテーブルと椅子を置き、祭壇クロスを敷きます。リンゴは豊穣、愛情、知恵、独創的な力、内的な旅、先祖代々伝わる作業の心強い味方です。ノートに育てたい目標を書きます。続けて目標を表すシンボルを選び、それに呼応する色のキャンドルに彫ります。例えば自分を大事にするという目標なら、ピンクのキャンドルにハートを彫るというように。キャンドルは瓶に入れて飾ります。聖油も用意し、キャンドルにすり込みます。リンゴ 1 個を水平に半分に切り、星形五角形に並んだ種の面を見せ、目的にあった水晶と、シトリンやジェイドなど内的成長のための水晶やパワーストーンと一緒に飾ります。リンゴの花のインセンスを皿にのせてたい儀式をはじめましょう。あなたの目標は、リンゴの木の下で守られながら成長し、そこではじめたことの成果は、木の実りの多さと比例することをお忘れなく。

SKILLS ALTAR
スキルの祭壇
スキルや特技をたたえて、伸ばす

用意するもの

ピラーキャンドル（ミツロウハニカムシートを巻いたもの / 緑色）、瓶（またはスプレー）、フェイススプレー……各1本

机（または台 / 小）……1台

カーネリアン、アメシスト、ブルーカイアナイト、グリーンアベンチュリン、ハーブ、仕事のシンボル、天然水、マッチ……各適宜

＊ハーブは、ラベンダー、セージ、レモンバームなど

❦

アイルランド神話によれば、神ルーはトゥアハ・デ・ダナーンと交渉し、自分は誰よりも多彩な技術を持っているのだから仲間に入る権利があると主張しました。彼は王ヌアザの右腕となり、その後、間もなく戦場の指揮官となりました。ルーは勇猛な戦士で、敏捷で運動神経がよく、蹄鉄づくりや様々な手作業に長けている上、魔術や吟遊詩や歴史や医学など、ありとあらゆる分野への造詣が深かったと言われます。トゥアハ・デ・ダナーンは彼を「サウィルダーナハ（あらゆる才を持つ神）」と呼びました。

成長の儀式に理想的なのは、リンゴの木の下の聖なる空間ですが、この祭壇は作業場でもあるので、作業道具が手近にある机や台も最適です。机の両端に緑色のキャンドルを、西に勇気のためのカーネリアン、東に集中力のためのアメシスト、南にバランスのためのブルーカイアナイト、北に成長のためのグリーンアベンチュリンを置きます。明晰さのためのラベンダー、成功のためのセージなど、夏のハーブを入れた瓶やハーブスプレー（p15）で空間を清め、新鮮なエネルギーを呼び寄せましょう。次に、あなたのスキルに応じた祭壇をつくります。物書きなら、祭壇を仕事机の上に置き、コンピューターやタイプライター、ノート、ペンなどを添えるというように。オレンジピールとレモンバームのお茶を入れたティーポットも加えれば、頭がすっきりとして刺激され、新たなアイディアがわいてくるかもしれません。ルーン文字の「ベルカナ」を飾って、持続する成長や再生を表すのもおすすめです。レモンバームを浸したフェイススプレーを用意しておいて、ルーにちなんだ鍛冶仕事の火のエネルギーを和らげましょう。

HARVEST SPIRIT SHRINE
収穫の精霊の神殿
収穫のサイクルを象徴する

用意するもの

トレー（金製または木製／丸）……1枚

ブレッドマン、レーズン（または種［食用］、
葉の形のパン）、エディブルフラワー、トウモ
ロコシの穂軸（ドライ）、小麦の茎（または
トウモロコシの外皮／ドライ）、リボン（緑色）、
祭壇クロス（緑色）……各適宜

＊小麦の茎は手に入りにくいので、コーン
ドールはトウモロコシの外皮でつくるのがお
すすめ。祭壇クロスを敷いても

　神話の神と女神は、地の循環を通して
永遠の命を得ます。第1収穫祭の穀物も
同じで、神ルーはジョン・バーリーコーン
の姿で表され、精霊としてトウモロコシの中
に住んでいます。穀物が収穫されると、彼
の地上での時間もおわりを告げます。彼の
精霊は、最初に収穫された小麦でつくられ

たパンの中に宿り、種は次の春にまかれて
再生します。人々を養うために、自らの命
を与えるのです。こうした概念は様々な形
で、第1収穫祭の神髄を象徴しています。
サイクルが続いていくには、死が不可欠で
す。ゴッデス（女神）あるいはグレインマザー
（p120）は、ギリシャ神話ではデメテル
の名で知られ、トウモロコシとして表されま
す。彼女の娘は種で、多くの場合、ペルセ
ポネとして擬人化されます。ゴッデスが種を
もたらすように、種も春になると命を生みま
す。最初に収穫された束には神の精霊が
宿り、女神の精霊は最後に収穫された束
に秘められています。コーンドール（p120）
やグレインマザーは、最後に収穫された束
からつくられており、女神の精霊を宿し、
守っているとされます。炉辺やドアに飾ると、
春まで家と家人たちを庇護します。植えつ
けの時期が来ると、最初に鋤で掘り起こさ
れる土と共に耕され、ジョン・バーリーコー
ンの精霊を土に行き渡らせます。

コーンドールやグレインマザーは、
最後に収穫された束からつくられており、
女神の精霊を宿し、守っているとされます。
炉辺やドアに飾ると、春まで家と家人たちを庇護します。

　暖炉や玄関の棚などに、木や金の丸いトレーを置きます（緑色の祭壇クロスを敷いても）。伝統的なジョン・バーリーコーンの形のパン、ブレッドマンを焼いて飾り、神を表現しましょう。これに食用の種やレーズンなどで目をつけて太陽を表しても、種や葉の形のパンやエディブルフラワーを飾ってもいいでしょう。ブレッドマンの代わりに、編んだような意匠のパンやリースも収穫の象徴となります。「種から収穫へ、地を養い、輪が再び成長するように」などちょっとした祈りの言葉を唱えながらパンをつくりましょう。スコットランドの詩人ロバート・バーンズは、18世紀にジョン・バーリーコーンを題材にした詩を発表し、民衆に歌い継がれてきました。穀物の精霊の命のサイクルを象徴するこの歌を書き写して、祭壇に置いてみるのもいいアイデアです。

「東に3人の博士がいた
　3人とも偉大で気高かった
　彼らは厳粛な誓いを立てた
　ジョン・バーリーコーンは死なねばならぬ
　彼らは鋤を取って、彼を耕した
　彼の頭に土くれをかけた
　彼らは厳粛な誓いを立てた
　ジョン・バーリーコーンは死んだ
　だが朗らかな春が颯爽とやってきた
　そしてにわか雨が降りはじめ
　ジョン・バーリーコーンは再び起き
　みんなを仰天させた」

ネイティブアメリカンの伝統では、
　この人形をトウモロコシの外皮でつくります。
たくさんの伝説があり、部族ごとに違いがありますが、
　若者たちに謙虚さを教える儀式では、
　　ノーフェイスドールがつくられます。

　女神の象徴にはコーンドールを使いま
す。コーンドールは、コーンメイデン（コー
ン少女）、コーンマザー、コーンハスクドー
ル（外皮ドール）とも呼ばれ、類感魔術で
使われる人形です。トウモロコシの精霊は、
地が休息する冬の間、この人形の中に住
んでいます。たいてい人間の女性の姿に
つくられますが、編んだだけのもの、ほう
き、十字架、螺旋、星形五角形、ハート、
その他のこの季節を表すものならどんな形
でも代用できます。コーンドールをつくって
みましょう。まず小麦の茎を手に入れます。
茎をお湯に浸け、折り曲げられるようにして

から好きな形に編んだり、中央で結んで束
にしたりして、立てられるようにします。穀
物の精霊が住めるよう、中は空洞のままに
しておきます。ネイティブアメリカンの伝統
では、この人形をトウモロコシの外皮でつく
ります。たくさんの伝説があり、部族ごとに
違いがありますが、若者たちに謙虚さを教
える儀式では、ノーフェイスドール（顔のな
い人形）がつくられます。こうした土着のコー
ンドールづくりの伝統が、ヨーロッパの入植
者たちに伝わり、現代の異教徒たちへと続
いているのです。つくったコーンドールもブ
レッドマンと一緒に飾ります。

SACRED BAKING SPACE
聖なるパンづくりの空間
第1収穫祭の食事に魔法と目標を込める

用意するもの

平板（またはまな板／大／厚みのあるもの）、
エプロン（金色、黄色、茶色、オレンジ色など）
……各1枚

器（鉄製）、計量カップ……各1個

ピラーキャンドル（金色、黄色、茶色、オレンジ色など）、燭台（金製、黒）、穀物、イースト菌（発酵しているもの）、水（またはミルク）、インセンス（セージまたはローズマリー）、イノセンスポット、ルーのシンボル、小麦粉（ミントとキンセンカを混ぜたもの）、ボウル、マッチ……各適宜

＊キャンドルは、ジョン・バーリーコーンとグレインマザーのためのものをあわせ、3本以上用意。ルーのシンボルは、槍やパチンコなど。すり鉢など製パンの道具の他、ルーナサに関する水晶やパワーストーン、星形五角形の描かれたアイテム、ハーブ、シナモン、パン、ジャム、食器類などを飾っても

❦

　パンづくりの神髄は変容にあります。種から育った小麦は背が伸び、黄金色に輝いています。私たちは小麦をひいて粉にし、イースト菌と混ぜ、パンになるようにとお願いします。パンは、私たちのおなかを満た

し、心に栄養を与えてくれます。大麦は発酵してエールビールに、ベリー類はジャムに、晩夏のハーブはオイル漬けに使われます。こうしたものが長い冬の間、人々を支えてきたのです。伝統的にルーナサの祝宴では、収穫の変容を身近な人たちと分けあいます。コミュニティブレッドと呼ばれる大きなパンは、トウモロコシの精霊の「保存」のシンボルであると同時に、私たちに与えられたすべてのものへの好意と感謝の気持ちを表します。

　最初の収穫物をパンにする聖なる空間は、実用性を兼ねた「作業祭壇」なので、厚い平板や大きなまな板の上に設置するのが理想的です。板をきれいにしたら、第1収穫祭の色のキャンドルを作業場のまわりに置きます。ジョン・バーリーコーンとグレインマザー（p120）のためのキャンドルを1本ずつ加えるのもいいアイデアです。神々を取り入れるなら、多才なルーの特技を1つ選んでシンボルとして飾って、ルーを祭壇に呼びましょう。作業場の北には穀物、東には発酵しているイースト菌、南には鉄製の器、西には水かミルクの入った計量カップを置いて、それぞれのエレメントを祭壇に呼びます。材料や道具をセージやローズマリーのインセンスでしっかりと清め、ルーナサのハーブと混ぜておいた小麦粉を少しだけ板にまき、作業場を聖別します。この季節の色の祝祭用エプロンを選べば、第1収穫祭の魔力を服にもおすそ分けできます。

FEAST TABLE ALTAR
祝宴の祭壇
第1収穫祭のごちそうを家族や友人と分けあう

用意するもの

ピクニックシート（金色、黄色、茶色、オレンジ色など）、木々、ハーブ（ローズマリーまたはミント）、花輪（シモツケ）、ピラーキャンドル（金色、黄色、茶色、オレンジ色など）、燭台（金製）、祝祭の食事、食器類、マッチ……各適宜

＊祝祭の食事は、焼き立てのパン、ベリーパイ、タルト、ベリージャム、エルダーベリーワイン（ニワトコの実からつくった果実酒）、リーキ（バジルソース、ガーリックバター、ハーブで味つけ）、カボチャ、ジャガイモ、キャベツ、トウモロコシ、晩夏の野菜。テーブルを置いて祭壇クロス（緑色）を敷き、ミルク缶やトレーに盛ったパンやジャム、カボチャなどの収穫したもの、小麦の束（濃いオレンジ色などのひもで束ねたもの）を飾っても

～※～

アイルランド神話によれば、ルーナサは、ルーが育ての母タルトゥのために催した弔いの宴を記念する日。人々は、皆で集まって、タルトゥが畑に施してくれた恵みへの感謝を伝えていました。食卓の上には変容を経た穀物が並び、村人たちのための大きなパンが収穫のサイクルを象徴しています。ビルベリーサンデーと呼ばれる伝統行事では、大勢で山に登り、ビルベリーを摘んでいました。ビルベリーは、ブルーベリーのような小粒なベリーで、グレートブリテン島やヨーロッパ北部に自生しています。

第1収穫祭の豊かな食卓は、それまでの重労働を思い起こさせますが、その労働の成果の変容を祝うのです。食糧にちなんだ祝祭ではありますが、準備も重要で、冬に貯蔵できる食べ物を使った料理が並び、マッシュポテトとキャベツを使ったアイルランドの伝統料理コルカノンも定番の1つです。また、運動競技もルーナサ祝祭の重要な要素で、タイルティアンゲームと呼ばれる大会では、2輪戦車競走や槍投げ、アーチェリーなど体力と精神力が試されます。

祝宴には、公園、野原、自宅の庭など、地域の人が集まれて、タイルティアンゲームなどのできる屋外の広い場所を選びましょう。テーブルを置いたり、第1収穫祭の色のピクニックシートを敷いて、ローズマリーやミントなどのハーブ、木々、シモツケの花輪、この季節の色のキャンドルを飾ります。パンやベリーパイやタルトを用意し、ベリージャムやエルダーベリーワインを開けましょう。最後の収穫物でつくったバジルソース、ガーリックバター、ハーブで味つけしたリーキもお忘れなく。カボチャ、ジャガイモ、キャベツ、トウモロコシ、その他、晩夏の野菜は、雰囲気も味もこの祝宴にぴったりです。

CHAPTER 7

AUTUMN EQUINOX

秋分

北半球9月21日、南半球3月21日

秋分になると、再び夜と昼の長さが等しくなります。けれども、季節は冬へ向かうため、バランスは太陽の死のほうに傾いています。これから夜を経るごとに影は光を侵食し、私たちは再び冬至へと向かうサイクルを歩むことになります。秋分は、秋のはじまりであり、1年の輪の3大収穫祭の2つ目にあたります。秋分に一番近い満月が収穫の月と呼ばれるのは、月の光のおかげで農家の人々が夜通し働けて、作物を刈り入れられるからです。ドルイドは、秋分の祝祭をアルバン・エルフドと呼び、キリスト教徒は、船乗りやドラゴン退治を行う者たちを守護する聖ミカエルのためにミカエル祭を祝います。中国の中秋の名月では、提灯が灯され、月餅を食べて、米や小麦の豊作に感謝して月にお供え物をします。宇宙の観点から見ると、秋分は大気中の磁気嵐が最も強くなり、驚異的なオーロラの光景が出現する時期でもあります。

現代の異教徒たちは、秋分をメイボンの祝日として祝います。ウィッチズ・サンクスギビング（魔女たちの感謝祭）とも呼ばれるメイボンは、第2収穫祭の伝統が復活するときであることから、地域の宴会など様々な初秋の活動が催されます。感謝祭の精神を受け継ぎ、大テーブルのまわりや宴会場に集まって季節の食べ物を楽しみ、地域の重要性を確認するのです。テーブルの中央には豊穣の角が置かれ、寂しい季節が来る前の恵みを祝います。収穫の祝福と持続を願うだけでなく、光と闇のバランスや秋への移り変わりを喜ぶのがメイボンなのです。

MABON ALTAR
メイボンの祭壇

メイボンの祭壇には、第1収穫祭のおわりに畑や果樹園で収穫された穀物やフルーツがたっぷりと供されます。トウモロコシ、小麦、根菜、ウリ類、ナッツ、ベリー、ブドウなどが、死にゆく太陽にささげられるのです。

メイボンに関するあれこれ

別称：秋分、第2収穫祭、アルバン・エルフド（ドルイド）、ミカエル祭（キリスト教）、ウィッチズ・サンクスギビング

色：暗紅色、暗紫色、金色、赤みがかったオレンジ色、チョコレートブラウン、真紅、藍色

水晶、パワーストーン：オレンジカルサイト、カーネリアン、タイガーズアイ、トパーズ、琥珀、ラピスラズリ

神々：ガイア、アドレステイア、デメテル（以上、ギリシャ）、マアト（エジプト）、ポーモーナ、バックス（ローマ）、メイボン・アプ・モドロン（ウェールズ）

エレメント：水

花、ハーブ、木：サフラン、ヘンルーダ、マリーゴールド、ツタ、アイビー、ホップス、ブドウの葉、ゴボウ、アキノキリンソウ、ガマ、オーク、セイヨウナナカマド、ミルラ、フランキンセンス、アミリス、アンソクコウ、パチュリ、シナモン、セージ、クローブ

食べ物：ザクロ、ブドウ、リンゴ、根菜、ジャガイモ、シチュー、ナッツ、トウモロコシ、ベリー類、ワイン、エールビール、シードル

シンボル：頭蓋骨、ドングリ、マツカサ、豊穣の角、秋の葉、ブドウの木、ウリ類、ツタ

テーマ：平等、バランス、収穫、調和、豊穣、守護、死

深みのあるマホガニーやこっくりとしたカエデなど、自然の木でできたテーブルの上には、収穫物がたっぷりとのっています。中央の金の皿やトレーに置かれた鋤（すき）、小鎌、大鎌などの農具、豊穣の角の形をしたバスケットが、秋の恵みへの感謝を優美に表現しています。暗紫色や暗紅色などの季節の色に、茶色や金色、こげ茶色などの差し色が入ったキャンドルを灯せば、強さを増す暗闇の中にも光があることを思い出させてくれます。

秋風が吹き、赤、オレンジ色、黄色の陰影を帯びた葉が舞います。葉を乾燥させて祝宴の祭壇のまわりに散らせば、大地がまどろみに向けて準備をしていて、私たちもこれから数か月続く不毛の時間のために備えねばならないことを実感できるでしょう。祝宴の間に食べきれなかったものや、食材庫に置いてあるものを、冬の保存用に処理しておかねばなりません。第２収穫期には、缶詰めや酢漬けの作業、シードルやビール、ワインづくりが目まぐるしく行われます。祝祭に供されるジャムや缶詰め、瓶詰めは、労働の成果の変容がいかに重要かを物語っています。変容のための材料を与えてくれた自然への感謝の気持ちを込めて、ワインやシードルなど醸造したての飲み物をグラスや角杯に注ぎ、季節のお供え物としてメイボンの祭壇に置きましょう。リンゴを水平に半分に切ると、種のある星形五角形が見え、自然のすべてのエレメントが調和している様子を感じることができます。

バランスは、秋分の夜と昼の同等の長さにも表れています。この時期、自分の中で最も暗い欲望を秘めるシャドーセルフに再び光を当て、自意識と統合してこそ、「全体のバランスの取れた自分」を目指す旅へと発つことができます。メイボンの祭壇に、こうした光と闇のバランスのシンボル、例えばペアになった白黒のキャンドル、陰と陽のシンボル、太陽と月などを飾れば、旅の目標に集中することができるでしょう。また、ローリエの葉に目標を書いて、バーニングポットでセージやミルラなどメイボンのハーブや樹脂と一緒に燃やすのもおすすめです。

暗紫色や暗紅色などの季節の色に、茶色や金色、
こげ茶色などの差し色が入ったキャンドルを灯せば、
強さを増す暗闇の中にも光があることを思い出させてくれます。

　サウィンは死を身近に感じる祝祭ですが、メイボンはあの世へ行った人たちとの関係が復活しはじめる時です。祝祭の宴のお供え物を受け取ってもらう、そしてサウィンを控えてあなたが彼らに寄せる追憶を喜んでもらうには、メイボンの祭壇に愛する故人の写真や思い出の品を飾りましょう。そうしたものそれぞれの前には、白いテーパーキャンドルを置き、強まっていく彼らの存在を感じましょう。きっと、あの世から優しさと幸運をもたらしてくれるはずです。

サウィンは死を身近に感じる祝祭ですが、
メイボンはあの世へ行った人たちとの関係が
復活しはじめる時です。

　神々を取り入れるなら、メイボンの神や女神たちの像、祭壇カード、神々を象徴するアイテムを飾りましょう。メイボンは、現代の異教徒の間でも盛んに祝われますが、祝祭自体は、古代ケルト人たちが秋分に行っていた行事の再現と考えられます。「メイボン」の語源はウェールズの太陽神、光の子、モドロン（母なる大地）の息子で、「偉大なる母の偉大なる息子」に呼びかけることで、死と再生の循環という概念を祭壇にもたらすことができます。ギリシャ神話のデメテル、あるいは冬のダークマザー（p81）にはワインを。娘のペルセポネは、毎年、秋分になると、夫ハデスと共に黄泉に戻り、春まで帰ってきません。他にもメイボンの祭壇にまつられる古代の神としては、ギリシャのヘカテ、ローマのバックス、そしてウィッカのオークキングとホリーキングが挙げられます。ゴッデス（p129）は、ダークマザーやハーヴェストクイーン（p120）として、老婆の姿で表現されます。今や神は息絶え、再生の春を待ちながら、冥界に閉じ込められています。

＊ 139 ページの祭壇
用意するもの

テーブル（木製）……1 台

リンゴ（水平に半分に切る）、ザクロ、ブドウ、グラス、ミルク缶、頭蓋骨（または頭蓋骨に似せた鋳物 / シカ）……各 1 個

ボーティブキャンドル（暗紅色）……2 本

ハニカムキャンドル（またはミツロウハニカムシートを巻いたピラーキャンドル / 暗紅色）……1 本

ワイン（瓶ごと）、ドライフラワー、水晶、パワーストーン、マッチ……各適宜

・ドライフラワーや水晶、パワーストーンはメイボンに関するもの

CORNUCOPIA OFFERING
豊穣のお供え物
第2収穫祭の恵みに感謝する

用意するもの

祭壇クロス（暗紅色、金色、チョコレートブラウンなど）……1 枚

バスケット（角型 / ワイヤー状の黄麻布とラフィアのロープを編んだもの）……1 個

カゴ……3 個

葉やトウモロコシの穂軸（ドライ）、ウリ類、聖油、ティーライトキャンドル、第2収穫祭の恵み、お供え物、マッチ……各適宜

＊聖油は、セージ、ローズマリー、シナモン、タイムなどをオリーブオイル（各適量）に浸してつくる。第2収穫祭の恵みはパン（ウリ類、リンゴ、ザクロ、ブドウ、ニンジン、ジャガイモ、玉ネギ、トウモロコシ、イチジク、ハーブを使ったもの）、カボチャ、バターナッツスクウォッシュのスープ、サツマイモ料理、パイ、ワインなど。お供え物はこの時期に収穫されたもの

❦

　古代異教徒たちにとって、第2収穫祭は闇へと共に向かう前に、この季節の恵みや互いへの感謝を示す機会でした。豊穣の角の起源については様々な民間伝承がありますが、ギリシャ神話の神ゼウスの話は興味をそそります。伝説によれば、赤ん坊だったゼウスは洞窟の奥深くにかくまわれ、優しいヤギの女神アマルテイアに育てられました。自分の力を知らないゼウスは誤ってヤギの角を折ってしまい、その後、角は永遠に滋養をもたらしたとされます。異教徒たちは、感謝祭で、ヤギの角にフルーツや野菜、穀物やナッツなど季節の食べ物を詰めて、この神秘的な起源を表現しました。

　第2収穫祭の色の祭壇クロスを宴のテーブルに広げ、秋の葉や乾燥させたトウモロコシの穂軸を飾りましょう。立てておくことのできるウリ類の中身をくり抜き、オリーブオイルにハーブを浸してつくっておいた聖油できれいに清め、ティーライトキャンドルを中に入れて火を灯すと、温かくなるに従い、ハーブの香りが広がるでしょう。祭壇クロスの中央には、豊穣の角のバスケットを置いて、ここにこの季節の野菜やフルーツを使った栄養たっぷりのパン、カボチャ、バターナッツスクウォッシュのスープ、サツマイモ料理、パイ、ブドウの房、木が飾られたジャグに入ったワインなど、第2収穫祭の恵みをたっぷりと詰め込みます。その隣には、カゴを3つ置きます。1つはフードドライブ（食糧を寄付するチャリティー活動）のための保存食品、1つは野生動物のためのフルーツや野菜、最後の1つは神々を取り入れるための、メイボンの神や女神へのお供え物を入れます。

CORNER OF GRATITUDE
感謝の空間
季節の恵みへの感謝を表現する

用意するもの

切り株（またはトレー［木製 / 丸］）
……1 枚

バーニングポット、ボウル（木製 / 小）
……各 1 個

収穫のシンボル、ローリエ、水晶、パワーストーン、石（手のひらサイズ）、ペン、マッチ……各適宜

＊収穫のシンボルはリンゴ、ブドウ、カボチャ（小）、ウリ類など。水晶やパワーストーンは、カーネリアン、オレンジカルサイト、グリーンアベンチュリン、タイガーズアイなど

◆

　この季節、今後の困難な時間に耐えられるよう備えてくれた太陽、地、愛する人たちに、ありがとうの感謝の気持ちをささげます。けれども、自分自身への感謝も忘れずに。自分が達成した成果を喜ぶとき、私たちは自信や自尊心を心にしみこませるだけでなく、やり残したことを振り返ってもいます。メイボンはバランスの季節です。収穫と共に休息の時間でもあり、労働の成果が目に見える形になると共に、何を準備しきれなかったかにも目を向けます。目標はどのように成長したでしょうか？　望んでいたような成果を手にできたでしょうか？　これからの暗い季節を耐えるのに必要なものはすべてそろっているでしょうか？

　この祭壇は、自宅の一角や並木の窪みなどにあつらえましょう。切り株や木の丸いトレーにバーニングポットを置き、まわりに小ぶりなカボチャやウリ類、リンゴ、ブドウなど、収穫を表すシンボルを飾ります。カーネリアン、オレンジカルサイトなどのオレンジ色の水晶やパワーストーン、グリーンアベンチュリンやタイガーズアイなど感謝と豊穣の水晶も忘れずに。手のひらほどの大きさの石に感謝したいすべてのものへの思いを込めて「感謝の石」をつくるのもおすすめです。バーニングポットの横にはローリエの入った小さなボウルを置き、ローリエに第 2 収穫期の間に実現した目標への感謝を目標の数だけ書き込みます。水晶やパワーストーンを通してこれらのメモにエネルギーをチャージしてから、バーニングポットに入れます。次にこれから育てたい目標を別のローリエに書き込み、第 3 収穫祭の間、何度か見直します。儀式の最後に、このメモもバーニングポットに入れて燃やし、灰を風で飛ばして、地と生物への感謝を拡散させます。寒い季節に向けてせわしなく準備する野生動物たちのために、この祭壇を 2 つつくるのもおすすめです。

APPLE DIVINATION ALTAR
リンゴ占いの祭壇
リンゴの聖なる英知で心の内を占う

用意するもの

テーブル（小 / 丸）……1 台

祭壇クロス（黒）……1 枚

テーパーキャンドル（黒）……2 本

バスケット……1 個

ナイフ……1 本

リンゴ（新鮮なもの）
インセンス（リンゴの花）
インセンスポット
マッチ……各適宜

❦

　長い間、リンゴは英知の聖なる泉と考えられてきました。収穫の時期になると、人々はリンゴを使って盛んに心の内を占いました。古代ローマでは、リンゴの種を火に投げ入れてぱちぱちとはじける音がすれば、両想いの印だと信じられていました。イングランドやアイルランドの民間伝承では、女性がリンゴの皮を途中で切れることなくむいて肩越しに投げれば、意中の相手のイニシャルになると言います。イングランドには、指の間で種を押し出すように強く握ると、運命の人の住んでいる方向に飛んでいくという民間信仰もあります。イギリスの民間伝承について記した T.F. シセルトン・ダイアーは、著書『植物の民俗学（The Folk-Lo-re of Plants)』で、このリンゴの種占いの呪文を次のように紹介しています。

「ピピン、ピピン、パラダイス／私の本当の愛はどこにあるのか教えておくれ／東、西、北、南／パイリング・ブリッグ・オア・クッカー・マウス」

　ローマの伝説では、聖アンデレ祭の前夜 11 月 29 日に独身女性が未亡人からリンゴを買って、真夜中になる前に半分食べ、残りの半分を真夜中すぎに食べると、未来の結婚相手が夢に出てくるそうです。
　収穫の満月の光が降り注ぐ部屋に小さな丸テーブルを置き、黒い祭壇クロスを敷きましょう。リンゴの上の部分をくり抜いて、黒いキャンドルを差し込みます。これを 2 つつくり、ネガティブなエネルギーから身を守りましょう。インセンスポットでリンゴの花のインセンスをたき、邪気を払って、精神的な力を向上させます。リンゴを水平に半分に切り、星形五角形になった種の部分を露出させ、祭壇に飾って、精霊を呼び込みましょう。祭壇の中央には、もぎたてのリンゴを入れたバスケットとナイフを置きます。ザクロには最強の占いの力があると言われていますが、リンゴも種類を問わず高い占い能力を備えています。様々なリンゴ占いには、この祭壇を使いましょう。

SCALES OF EQUALITY
平等の秤

完璧なバランスの自分になる

用意するもの

祭壇クロス（黒）……1枚

台、天秤……各1台

ボウル……2個

オブシディアン
クリアクォーツ
インセンス
インセンスポット……各適宜

＊祭壇クロスは、白い星形五角形や三脚巴（さんきゃくともえ）など、生と死のシンボルがあるもの（ペイントや刺繍をしたり、シンボルを置いても）。天秤は、古い木のハンガー、より糸、2つのブリキバケツやハンギングプランターなどでつくって観葉植物用のフックで吊りさげても。インセンスはサンダルウッド、カモミール、ラベンダーなど。オブシディアンとクリアクォーツはタンブルストーンで、ほぼ同じ大きさ、同じ重さのもの

メイボンの間、ダークマザー（p81）のエネルギーが満ちあふれ、空の光は弱まり、地の死が間近に迫っていることを感じるでしょう。春分と同じく秋分も、あなたの道を妨げるすべてのものに光を当てて、変化させるのに絶好の時期です。心の奥深く、恐怖やトラウマを避けて埋められた種を、健全な思考や習慣に成長させねばなりません。シャドーセルフに正面から向きあい、傾向を変えようと努力することで、休眠の季節でも成長することができるのです。

この祭壇は、完璧なバランスを保ったありのままの自分を可視化するための聖域です。静かな部屋の安定した台に黒い祭壇クロスを敷きます。祭壇クロスにはあらかじめ、白い星形五角形や三脚巴など、死と再生を表すシンボルをペイントしておくか、刺繍しておきます。そして中央に天秤を置くか、祭壇の上に吊りさげます。オブシディアンとクリアクォーツはそれぞれボウルに入れます。オブシディアンは障害を打ち破り、物事の核心を突いてシャドーセルフを明らかにすると言われています。クリアクォーツには、現在の状況に光を当ててネガティブなエネルギーを変化させる力があります。インセンスポットで、インセンスをたいて、心の奥底をのぞいて不安を和らげましょう。同じ重さのオブシディアンとクリアクォーツを1つずつ選びます。オブシディアンを秤にのせます。これはシャドーセルフです。反対側にクリアクォーツをのせ、心の奥底に埋まっている自分に光を当てて変化が起きる様子を可視化しましょう。

BEDSIDE DREAM TRAY
ベッドサイドのドリームトレー
安全で有意義な夢を見る

用意するもの

祭壇クロス（紫）、トレー（または皿 / 銀製）……各1枚

ラベンダーの束（またはドリームピロー）……1束（個）

ピラーキャンドル（紫）、燭台（金製）、羽根……各1本

ベル（金製）、ボウル（金製）、小物入れ……各1個

ドリームオイル、ドリームストーン、ドライフラワー、ドライハーブ、マッチ……各適宜

＊ドリームピローは、アップルシード、リンゴのドライフラワー、ラベンダーやセージのドライハーブが入った天然繊維のサシェ。ドリームオイルはヨモギ、ラベンダー、ニガヨモギとマツヨイグサのオイル（各適量）でつくる。ドリームストーンはアメシスト、セレナイト、セレスタイトなど。メイボンに関するドライフラワーとドライハーブ、ドリームバームを飾っても。用意できれば、オジブワ族の伝統的なドリームキャッチャーも

❦

メイボンは秋への入り口。木の葉が鮮やかに色づいたかと思ったら朽ち果てる季節です。光と闇は、秋分の秤の上でバランスを保っていますが、やがて転換点が訪れま

す。サウィンが近づくにつれ、この世と精霊の世界を隔てるベールが薄くなって、ネガティブなエネルギーがやってきて、私たちの夢を悪夢に変えてしまうこともあります。だからこそ、備えねばなりません。光のない休息の間も、闇には油断禁物なのです。

闇の淵でも安全で有意義な眠りをむさぼるには、ベッドサイドにトレーを準備して夢の儀式を挙げましょう。銀のトレーに、精神的上昇の色である紫の祭壇クロスを敷きます。ラベンダーの束あるいはドリームピローを目の上にのせるか、枕の下に置きます。ドリームオイルはボウルに入れてトレーの上に置いておき、これで眉間をマッサージすると、3つ目の目が開眼すると言われています。明晰な夢をもたらし高次元の旅へと導くとされるドリームストーンも飾りましょう。紫色のキャンドルを1本置けば、夢の国へと向かうときの目印になります。現実に戻ってくるためのベルもお忘れなく。ベルには、儀式の前後に、さまよっている精霊やネガティブなエネルギーを追い払う役目もあります。オジブワ族（チペワ族）がつくった伝統的なドリームキャッチャーがあれば、ベッドの上に吊りさげましょう。オブジワ族は、ネイティブアメリカンで、ドリームキャッチャーの元祖です。本物のドリームキャッチャーは、ヤナギや繊維で編まれていて、羽根やイラクサが飾られています。自分たちが眠っている間に、孫たちのところに悪夢が忍び込まないようにとつくったのが起源だと言います。

CHAPTER 8

SAMHAIN
サヴィン

北半球 10 月 31 日、南半球 4 月 31 日

古代アイルランド暦では、サヴィンは太陽に死と闇への下降をもたらすとされていました。1 年の輪の最後の収穫祭であり、人々を寒くて不毛の畑からぬくぬくとした炉辺や家へと導きます。ベルテインと同じく、この世とあの世を隔てるベールが薄くなる時期で、ケルト人たちは太陽があの世へと沈み、死の世界を司る神ドンが魔界の手下を引き連れて大地をうろついていると信じていました。古代異教徒たちは、ゴースト、フェアリー、よみがえった死人たちが人間界で跳梁するサヴィンへの備えを怠りませんでした。こうした恐れから発展した伝統は数多くあり、いずれも家や畑や人間を厄介なサヴィンの精霊から守ることに重点が置かれています。田園部では、農作物の備蓄や家畜を魔女から守るため、畑でかがり火がたかれて、不気味なジャック・オー・ランタンがベランダに置かれ、人々は恐ろしげな衣装を着て精霊たちを混乱させました。ケルトの人々は大切な故人の霊をなぐさめて、知恵とこれからの季節のための祝福を得ようともしました。

現代の異教徒の祝祭は、古代のサヴィンの伝統要素を多く受け継いでおり、祖先崇拝、占い、霊的交信を中心にしています。この時期、ケルトの流れを汲むウィッチズボール（魔女たちの舞踏会）が開かれ、生ける者たちが霊と踊ったり、お酒を飲んだりします。ハロウィンはキリスト教の祝日である諸聖人の日（11 月 1 日）の前夜にあたり、欧米では人気の祭りですが、源流はサヴィンにあると考えられます。古代異教徒たちはキリスト教に改宗したあとも、1 年の輪における多くの異教徒の祝祭と同じく、サヴィンの祝いも手放そうとはしませんでした。子どもたちが家々を訪ねてお菓子をねだるトリックオアトリート、仮装、カボチャ細工、アップルボビングと呼ばれるゲーム、幽霊伝説などはいずれも、様々なイデオロギーの変化にも耐えて何千年も受け継がれてきた伝統です。

SAMHAIN ALTAR
サウィンの祭壇

太陽はとうとう暗闇に沈みました。サウィンの祭壇には影が差します。この祭壇は、崇拝の空間であり、おわりゆくもの、冬の間に自分を導いてくれるものについて思いをはせる場でもあります。実用性を兼ねた「作業祭壇」なので、祝祭の食卓の横や皆が集まる場所に置くのがいいでしょう。

サウィンに関するあれこれ

別称：第3収穫祭、諸聖人の日の前夜（オール・ハローズ・イブ、キリスト教）、ハローマス（ケルト / スコットランド）

色：オレンジ色、黒、白、銀色

水晶、パワーストーン：ブラックトルマリン、オブシディアン、ジェット、オニキス、スモーキークォーツ、ヘマタイト、ハウライト、ラブラドライト、ガーネット、ルビー、琥珀、珪化木

神々：アヌビス（エジプト）、モリガン（ケルト）、ヘル（ノルウェー）、ハデス（ギリシャ）、ドン（ケルト）

エレメント：水または地

花、ハーブ、木：ローズマリー、キバナアザミ、ナツメグ、クローブ、シナモン、セージ、アンゼリカ、オレンジ、ヨモギ、ビロードモウズイカ、ミルラ、パチュリ

食べ物：カボチャ、ウリ類、リンゴ飴、ジンジャーブレッド、キャンディー、ケーキ、バームブラック（p36）、コルカノン（p135）、ワイン、シードル

シンボル：ジャック・オー・ランタン、かがり火、秋の葉、リンゴ、頭蓋骨、ドングリ、竹ぼうき、鍋

テーマ：収穫、占い、祖先崇拝、霊的交信、死

祭壇に月の魔力を呼び寄せるには、窓や天窓から月光を心ゆくまで眺めることのできる部屋を選びます。祭壇に黒いクロスを敷き、上から白いガーゼかレースを置いて薄いベールを表現します。一家に受け継がれてきたベールを敷くのもおすすめです。この祭壇では、遊び心を出して、ハロウィンの飾りつけを取り入れましょう。カボチャ、黒猫、コウモリ、魔女のプリント生地なら、お祭り気分が盛りあがります。頭蓋骨、骨、灰、骨壺、霊を描いた絵、草刈り鎌、タロットカードの死神、一族の墓石の拓本など

あの世のシンボルもお忘れなく。

サウィンの光には2つの目的があります。ベールの向こうへと長い旅に出る先祖を導くことと、曖昧なこの季節に優勢になりがちなあらゆるネガティブなエネルギーを寄せつけないことです。ランタン、キャンドル、ジャック・オー・ランタン、ロープライトなどが、旅路を守ってくれるでしょう。光を祭壇に呼び寄せたり、占いや霊的交信の儀式のあとにエネルギーを遠ざけたりするには、杖やウィッカの儀式で使われるアサメイと呼ばれる剣を置くのも効果的です。

太陽はとうとう暗闇に沈みました。
サウィンの祭壇には影が差します。
この祭壇は、崇拝の空間であり、おわりゆくもの、
冬の間に自分を導いてくれるものについて
思いをはせる場でもあります。

濃密な色の花やハーブも、祭壇にサウィンらしい雰囲気を添えてくれます。サウィンの数週間前にドライフラワーやプリザーブドフラワーをつくっておけば、闇の中でまどろむ生命を表現できます。乾燥させた秋の葉、黒、紫、オレンジ色のアヤメ、バラ、ユリ、カーネーション、マリゴールド、キク、ローズマリー、セージ、ヨモギ、タイムなどを花瓶や骨壺に飾ったり、壁や祭壇の上の天井にかけたりしてもいいでしょう。第3収穫

祭の作物は、サウィンの祭壇にぴったりです。カボチャ、ウリ類、リンゴ、穀物をキャンドルホルダーにしたり、ルーン文字の古い形態であるエルダーフタルク・ルーン文字で、守護を表すアルギズの文字を彫り込むのもいいアイデアです。ヤナギやリンゴの木の枝でつくったほうきにシナモン、ナツメグ、クローブなど季節のスパイスを振りかければ、家に入ってくるネガティブなエネルギーを一掃する象徴となります。

　エレメントの点から言えば、サウィンは感情がゆらゆらとした水からしっかりと安定感のある地へと変わりはじめる季節です。墓地の土、普通の土、塩の入ったボウルを祭壇の北の方角に置いて、新たなエネルギーを表しましょう。この季節のシンボルを各方角に置けば、その他のエレメントも表すことができます。例えば、火を表すリュウケツジュやシナモンやクローブは南の方角に、空気を表すカラスの羽根は東の方角に、水を表す鍋は西の方角にという具合です。それぞれのエレメントを聖なる空間にバランスよく呼び込めば、高次元の精霊のエネルギーが祭壇を訪れてくれるはずです。精霊たちは、このエネルギーに満ちた空間で交信します。

それぞれのエレメントを聖なる空間にバランスよく呼び込めば、
高次元の精霊のエネルギーが祭壇を訪れてくれるはずです。
精霊たちは、このエネルギーに満ちた空間で交信します。

　曖昧さを秘めたサウィンの祝祭は、占い
に理想的な時期でもあります。祭壇の中で
も、占いのための空間は活発なエリアです。
自分にあっていると感じられる占いツール、
例えばスクライング・ミラー（p14）、水晶玉、
タロットカード、ダウジング・ペンデュラム、
ウィジャボード（降霊術で使う文字盤）、ルー
ン文字などを祭壇に置きましょう。ヨモギ、
ニガヨモギ、セイヨウノコギリソウを浸けて
つくったハーブスプレーや聖油、アメシスト
やルビー、フクサイトは、第3の目を開眼
させると言われます。ネガティブな存在や
望ましくないエネルギーから身を守るには、
セージやシダーなどの浄化と守護のハーブ
を「魔女のブラックソルト」（p43）と混ぜ、
占いのツールのまわりに円状にまきます。
ブラックトルマリン、オブシディアン、オニ
キスは守護の力を一段と高めてくれるでしょ
う。シダー、セージ、ヘンルーダを浸けて
おいた聖水が手元にあれば、占いや霊と
の交信前に祭壇のまわりに振りまくことで、
ネガティブなエネルギーを追い払えます。
　親しい故人をしのぶ「先祖の神殿
（p169）」を置いている場合でも、あえ
てこの祭壇に遺影や形見を置くと、
故人のエネルギーを占いに引き寄せ
ることができます。遺影の代わりに、
故人の名前を白いテーパーキャンドル
に彫って、枝つき大燭台に家系の順に
置いてもいいでしょう。

＊157ページの祭壇
用意するもの

祭壇クロス（オレンジ色）……1枚

ピラーキャンドル（黒）……3本

燭台（黒）……2本

ランタン（黒）……1台

花瓶、ほうき……各1本

リンゴ……1個

花（ヨモギなど）、故人に関するもの（フレー
ム入りの写真など）、秋の葉（ドライ）、ブラッ
クトルマリン、骨、フェアリーライト、マッチ
……各適宜

・キャンドル1本はリンゴの上に固定して使う

JACK-O'-LANTERN WARD
ジャック・オー・ランタンのお守り
望ましくないエネルギーから家を守る

用意するもの

カボチャ、ウリ類、根菜、リンゴ、ティーライトキャンドル、インセンス、インセンスポット、ナイフ、スコップ、マッチ……各適宜

＊インセンスは、セージ、シダー、フランキンセンス、サンダルウッド、シナモンなど。小さな祭壇をつくって、テーパーキャンドル（白、黒）、燭台（黒）、ほうき、花、食べ物や飲み物を盛った皿を飾っても

❦

サウィンであの世とこの世を隔てるベールがもろくなると、善良な先祖が戻ってきて家族と再会できますが、別の種類の精霊にも扉が開かれて人間界へとやってくることになります。フェアリーたちが跳梁（ちょうりょう）し、無邪気な人間たちに悪ふざけをしかける一方、あの世の悪霊は恨む相手に復讐しようとします。古代アイルランドでは、カブ、ルタバガ（カブに似た野菜）、ウリ類、ビーツ、ジャガイモなどに、ぞっとするような笑顔を彫り、残り火を灯し、悪霊を追い払っていました。アイルランドの民間伝承「スティンギー・ジャック」に出てくるジャックは、天国にも地獄にも行けない詐欺師で、悪魔からもらった残り火で冥界を抜け出す道を照らしまし

た。カブに残り火を入れてつくったジャック・オー・ランタンと共に、永遠に地上をさまよい歩いていたのです。アメリカに初期に移住したアイルランドの人々はこの伝統を守りましたが、カブはカボチャになりました。

カボチャやウリ類、根菜、リンゴをジャック・オー・ランタン型にカットします。ランタンが先祖たちの帰路を照らすと共に、彷徨する有害なエネルギーから家を守ってくれるでしょう。まず、上の部分をナイフで丁寧に切り取ります。次に中身をくり抜き、表面をしっかりとこすってきれいにします。ここに、表情をナイフで刻んで、ティーライトキャンドルを入れたら完成です。ジャック・オー・ランタンは、玄関の外やベランダ、階段に、通りに向きあうようにして置きます。そしてその中で、有害なエネルギーから守ってくれるインセンスをたきましょう。小さな祭壇をつくって、西の方角に食べ物や飲み物を供えるのもいいアイデアです。西には、あの世の精霊たちが住んでいると言われています。家族もなく孤独に旅する精霊たちも、ここでなら安らぎを得られるでしょう。あなたが、彼ら好みの古い家に住んでいればなおさらです。リンゴは「悪さをしようとしている者たちから、私の家と心を守ってください」など、守護のおまじないを唱えてから、家の四隅に埋めましょう。

SPIRIT FEAST TABLE
精霊の祝宴

サウィンの食卓で精霊をもてなす

用意するもの

テーブルクロス（白）、レース（またはチュール / 黒）……各1枚

花瓶……1本

ドライフラワー（バラなど）、ブラックトルマリン（球状）、大燭台（枝つき）、キャンドル、ティーライトキャンドル、食器類（白または黒）、インセンス（セージやシダー）、インセンスポット、マッチ……各適宜

＊サウィンの食事は、ホットワインやシードル、ワイン、エールビール、リキュール、黒パン、ソウルケーキ、栄養たっぷりのシチューやスープ、パンプキンパイ、スパイシーなケーキやクッキー、コルカノン（p135）、バームブラック（p36）など。用意できれば、先祖代々伝わるレシピの料理や故人との思い出の品も

❦

　1年の輪の最後となる第3収穫祭サウィンでは、寂しい畑に冬の風が吹きすさぶ直前に収穫した作物を祝います。人々は暗い季節に備え、もうひと踏ん張りして、トウモロコシ、カボチャ、ウリ類、リンゴ、ザクロ、そしてカブやビーツ、ジャガイモなどの根菜、ナッツや種などを収穫するのです。日没をすぎると、残りのものは畑にそのままにされ、あの世との間のベールを抜けてこの世の住まいへと戻ってくる霊へのお供え物にされます。家に帰る霊たちは、私たちが彼らのために明るくしておいた道を通り、時折立ち止まっては収穫の残り物を食べるのです。ようやく帰り着いた彼らの楽しみは、暖かく居心地のいい食卓です。好物やグラス一杯のワインやエールビールがあればご機嫌になるでしょう。

サウィンのダン・サパーとは、
生者が死者と共にする祝宴を指します。
完全な沈黙の中で食事をする様子は、降霊術の会と似ています。

サウィンのダン・サパー（無言の夕食）
とは、生者が死者と共にする祝宴を指しま
す。完全な沈黙の中で食事をする様子は、
降霊術の会と似ています。ビクトリア朝時
代には、占いを目的としたダン・サパーが
たびたび開かれていたと言われます。将来
の結婚相手を知りたい女性は、不気味な
廃屋で、真夜中に逆の順番（p167）で食
事を供し、相手の精霊を呼ぼうとしたとか。
アメリカのオザーク台地にも強い力があり、
ダン・サパーが開かれていたそうです。ダ
ニエル・L＆ルーシー・B.トーマスの著書
『ケンタッキー州に伝わる迷信（Kentucky
Superstitions）』には次のような一節があ
ります。

「サイレント・サパーでは、若い女の子たち
　が火をたいて一緒に食事をつくる。ひと言
　も話さずに、歩くときは後ろ向き。戸口の
　上り段に水を入れた平鍋を置き、近くに
　タオルを吊るす。席に着いても、何も食べ
　ない。こうした条件を守れば、未来の夫
　がやってきて向かい側にすわり、その後、
　消える」

別の箇所には次のように書かれてもいます。

「ディーフ・アンド・ダン・サパー（耳が聞
　こえない沈黙の夕食）の準備手順は以下
　の通り。調理中は、一切の会話は禁止。
　すべての準備は後ろ向きで行う。歩くのも
　後ろ向き、準備中も手を後ろで組む。準
　備が整うと、何らかの超自然的な兆候が
　表れる。遺体を運ぶ2人の男の場合もあ
　れば、大きな白い犬の場合もある。いず
　れにせよ、見る者の不安をかきたてる」

**ダン・サパーの伝統は変化を遂げ、
現代のサウィンの祝祭では、
死者にお供え物をしてなぐさめ、霊のささやきに耳を傾けます。**

　ダン・サパーの伝統は変化を遂げ、現代のサウィンの祝祭では、死者にお供え物をしてなぐさめ、霊のささやきに耳を傾けます。ダイニングテーブルに白いテーブルクロスを敷き、上から黒いレースかチュールをかけます。中央にドライフラワーの入った花瓶を、まわりに球状のブラックトルマリンを置いて、守護のエネルギーを放ちます。中央に枝つき大燭台を飾るのもいいアイデアです。それぞれのキャンドルは先祖ひとりひとりを示しています。儀式の一環として、サウィンの祭壇のキャンドルをダイニングルームに持ってきてもいいでしょう。テーブルに白か黒の食器類を置き、上座に先祖の席を1つ用意します。先祖全員の席を用意できるスペースがあればベストですが、1席だけでも十分です。先祖の皿にティーライトキャンドルを置き、席に案内します。お客様が到着する前に、セージやシダーのインセンスで部屋を清め、テーブルのまわりに守護サークルを描きましょう。ダン・サパーでは、最後の収穫物からつくった食べ物や飲み物を供します。ホットワインやシードル、黒パン、ソウルケーキ（キリスト教徒が11月2日の万霊祭に死者を悼んでつくるケーキ）、栄養たっぷりのシチューやスープ、パンプキンパイ、スパイシーなケーキやクッキー、そして伝統的なアイルランド料理コルカノンやバームブラックなどです。故人から教えてもらったレシピに挑戦して、霊の食卓に並べてもいいでしょう。イングランドの伝統では、逆の順序で食事をサービスします。つまり、デザートからはじめて食事、前菜へと進むのです。料理を盛りつけたら、先祖の分もサービスするのを忘れずに。故人のお気に入りのワインやエールビール、リキュールも出しましょう。何よりも重要なのは、先祖のささやきが聞こえなくなってしまわないように、話さないこと。部屋を出るときは、お客様にお願いし、祭壇や先祖の神殿に故人との思い出の品を1つ置いていってもらいましょう。

ANCESTOR SHRINE
先祖の神殿
亡くなった家族をしのぶ

用意するもの

テーブル……1台

祭壇クロス（白）、家系図……各1枚

先祖の写真、フレーム、ドライフラワー（バラ、ヨモギなど）、パワーストーン（珪化木や琥珀）、先祖の好きだったものや形見、偽のお金、ボーティブキャンドル（白）、ティーライトキャンドル、ヨモギ、シダー、バーニングポット、マッチ……各適宜

＊できれば、祭壇クロスはアンティークのレースや生地でできたもの。テーブルは代々伝わるものや故人から譲り受けたもの

サウィンの日が沈むと、ケルトの新年が明け、先祖があの世から戻ってきます。困難な旅で疲れた彼らは、温かい歓迎を楽しみにしながらやってきて、ダン・サパー（p166）でこの世の好物をたっぷり食べようと席に着きます。夕食後は暖炉のまわりでおしゃべりの時間です。家族は故人に、前回のベルティンの訪問以降の出来事や噂話などを話して聞かせます。こうしたことをするのは、愛する故人を生かすためだけ

でなく、彼らに導いてもらい、スピリチュアルな世界の英知を得るためでもあるのです。

この祭壇は、ダン・サパー後にお客様が集まる部屋に設置します。テーブルは代々伝わるものや、故人から譲り受けたものがあればなおいいでしょう。アンティークのレースや生地があれば、祭壇クロスに使います。家系図を印刷するか手書きして、先祖各人の写真があればそれを貼り、フレームに入れて、祭壇の中央に置きます。ドライフラワーや、先祖にまつわるパワーストーンを飾ります。先祖各人に祭壇の一角を割り当て、形見や食べ物、お酒、葉巻、香水、服、宝石など生前好きだったものを置きます。そして、各スペースに白いキャンドルを置き、一晩中火が灯るようにしておきます。中国の伝統を取り入れ、祭壇で「先祖のお金」を燃やしてもいいでしょう。霊のお金とか、ジョス紙とか、地獄の紙幣とも呼ばれる偽のお金を燃やすと、あの世に旅立つ故人に本物のお金が届くと信じられています。たいていかなりの額の偽の紙幣を燃やすのは、先祖が黄泉でいい待遇を受けられるようにとの願いからです。お札を折ってから、キャンドルで火をつけ、ヨモギやシダーの敷かれた中央のバーニングポットの中で燃やします。

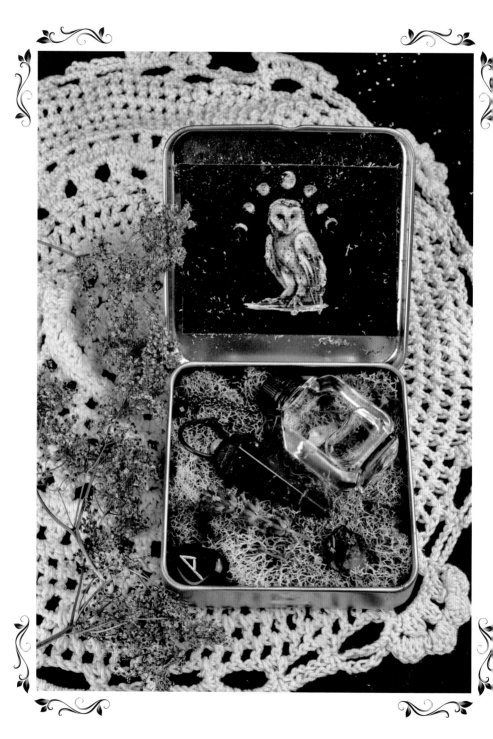

DIVINATION TRAVEL TIN
旅先用の占い缶
外出先でも占いの腕を磨く

用意するもの

缶（フタつき）……1 個

セレナイトの杖……1 本

苔（またはドライハーブ）

水晶

パワーストーン

占いや魔術のツール（p109 など）
……各適宜

＊ドライハーブはセージやヨモギなど。水晶
やパワーストーンはアメシスト、ラブラドライ
ト、セレスタイト、ブラックトルマリン、オブ
シディアンなど。祭壇クロス（白 / 小）を敷き、
花を飾っても

❦

古代から占いは、サウィンの重要な要素
でした。この世とあの世の境界が曖昧にな
るこの時期、精霊たちがあの世からやって
きて知識を授けてくれるのはもちろん、私た
ち自身もあの世に渡って、情報を集めること
ができます。古代の異教徒たちは、サウィ
ンの季節に、かがり火の儀式や娯楽などを
通して、作物の成長や村人たちの恋の行方
を占っていました。アイルランドの伝統では、
バームブラック（p36）に富を表すコイン、
独身男性を表すボタン、独身女性を表す指

ぬき、旅行を表す鍵、貧しさを表す布片な
ど、1 対のシンボルを入れます。バームブ
ラックの中に入っているシンボルが、あな
たの未来を予言するのです。

現代の占いはもっと多様で、タロットカー
ド、ダウジング・ペンデュラム、ルーン文字、
水晶玉、スクライング・ミラー（p14）、動
物の骨に似せてつくった鋳物などを使って
祖先と交信し、不確かな道の導き手になっ
てもらいます。旅行中でサウィンの祝いに加
われず、祖先の祭壇がない場合でも、占
い用の缶を持っていれば、スピリチュアル
な世界とつながれます。フタつきの缶に、
苔またはドライハーブを敷きます。セレナイ
トの杖で部屋の空気を清めましょう。小ぶ
りな水晶やパワーストーンを使えば、交信
チャンネルが開きやすくなります。アメシスト、
ラブラドライト、セレスタイトなどは、占い
の心強い味方です。奇妙で異常なエネル
ギーとも接触する可能性があるこの時期に
は、護身も非常に重要な要素で、ブラック
トルマリンやオブシディアンは盾として働き、
ネガティブなエネルギーを吸収して変質さ
せます。最後にどんな占いをするか決めま
しょう。ダウジング・ペンデュラムを使うな
ら、缶のフタに小さなダウジングチャートを
貼ります。ポケットサイズのタロットカード
もあるので、旅先でも人生や将来について
占うことが可能です。

GLOSSARY

用語集

アーネ　ケルト、ケルト神話の太陽の女神。

アドニス　古代ギリシャ、ギリシャ神話に登場するフェニキア（地中海の国）の神。

アドベントスパイラル　シュタイナー教育の大切な行事、神聖な伝統の1つ。闇から光への旅を象徴し、新しい年の旅のための力を得られるとされる。

アドレステイア　古代ギリシャ、ギリシャ神話の革命、均衡の女神。

アヌビス　古代エジプト、エジプト神話の冥界の神。

アポロ　古代ローマ、ローマ神話の太陽神。ギリシャ神話ではアポロンという。

アルバン・アルサン　ドルイドにおけるユールの呼び名。

アルバン・エイレル　ドルイドにおけるオスタラの呼び名。

アルバン・エルフド　ドルイドにおけるメイボンの呼び名。

アルバン・ヘフィン　ドルイドにおけるリーザの呼び名。

イースター　キリスト教におけるオスタラの呼び名。

イシス　古代エジプト、エジプト神話の豊穣の女神。

1年の輪　古代のケルトやゲルマンの風習や宗教をもとにした暦で、主にウィッカが用いる。ホイール・オブ・ザ・イヤー。

インセンス　お香。

インテンション　望みや目標、儀式の目的。

インテンションペーパー　インテンションを書き込んだ、葉やカバノキの皮、羊皮紙、その他の天然繊維の紙。祈願系魔術に使う。

インボルク　ブリギッドデイ。ケルトの春のはじまりを祝う祭。冬至と春分の間、クロスクォーターデイにあたる日に行われる。アイルランド暦の4大火祭の1つ。

インボルクの聖油　ホホバオイルやオリーブオイル、ラベンダーとレモングラスのエッセンシャルオイルをそれぞれ数滴入れてつくるオイル。

インボルグ　ケルトにおけるインボルクの別称。

ヴァルプルギスの夜　春祭、5月祭（メイデイ）の前夜。ドイツ中央部のブロッケンに魔女が集うともいう。ゲルマンにおけるベルテインの呼び名。

ヴィーナス　古代ローマ、ローマ神話の愛と美の女神。ギリシャ神話ではアプロディテという。

ウィッカ　復興異教徒（ネオ・ペイガン）の一派で、古代ヨーロッパの多神教、特に女神を崇拝する。復興異教主義あるいはネオペイガニズムとは、主にキリスト教化以前のヨーロッパにおけるいわゆる「異教」の信仰の復活を基本とし、様々な現代の宗教、信仰を内包する運動。

ウェスタ　古代ローマ、ローマ神話の炉辺の女神。ギリシャ神話ではヘスティアという。

ヴォーティヴキャンドル　教会の奉納用キャンドル。

エオストレ　ゲルマン神話の春、夜明けの女神。

エジプト十字　古代エジプトの生命を意味する言葉、アンクを象ったもの。♀

エリウ　ケルト神話の戦いと豊穣の女神、母なる大地。

エルフ　ヨーロッパの伝承に登場する妖精の一種。

エレメント　元素。火は赤、空気は黄色、水は青、地は緑色、精霊は紫で表される。各エレメントのシンボルは、火はキャンドル、空気は羽根、水は杯

や鍋、地は塩。また、精霊の
シンボルは人形、フィギュア、
彫像。

オイメルク　ケルトにおけるイ
ンボルクの別称。

オークキング　ケルト神話にお
ける夏を擬人化した王。冬の
王であるホリーキングとおわり
なき戦いを繰り広げている。

オーディン　北欧神話の主神、
戦争と死の神、詩文の神。

オスタラ　春分。春の到来を祝
う日。

ガイア　古代ギリシャ、ギリシャ
神話の母なる神、母なる大地。

カリアッハベーラ　ケルトの冬
の女神。ダークマザー（闇の
母）。夏を司るブリギッドとは
逆の女神とされている。

グラウンドホッグデー　北米に
おけるインボルクの呼び名。ア
メリカで2月2日に行われる
天候を占う行事。

グリーンマン　再生と命のサイ
クルを擬人化した象徴。ジョ
ン・バーリーコーンともいう。

クリスマスタイド　クリスマスの
季節。「タイド」とは古英語で
時間や季節を指す。本書では
「祝祭の季節」の意。

クルーティー　聖水に浸けた服
の切れ端。

クレイゼラッド　ウェールズの神。

クロスクォーターデイ　各季節
の中間日。

ケリドウェン　ケルトの月の神。

ケレス　古代ローマ、ローマ神
話の農業、豊穣の女神。ギリ
シャ神話ではデメテルという。

5月祭　メイデイ。アングロサク
ソンの人々におけるベルテイ
ンの呼び名。

コンポスト　生ごみや落ち葉な
どを分解し、堆肥化させたも
の。

祭壇カード　特定の神を描い
た祭壇に飾るカード。

サウィン　第3収穫祭。ケルト
暦での1年のはじまり。夏の
収穫を祝う祭。

サトゥルヌス　古代ローマ、ロー
マ神話の農耕と収穫の神。ギ
リシャ神話ではクロノスとい
う。

サトゥルヌス祭　古代ローマに
おけるユールの呼び名。神サ
トゥルヌスを祝した古代ロー
マの祭。

四旬節　イースターまでの40
日間の禁欲的な時期。

シャドーセルフ　自分の奥深く
に潜む暗い本当の姿。

シュタイナー教育　オーストリア
の哲学者であり、神秘思想家
のルドルフ・シュタイナーが
提唱した教育法。個性を尊重
し、個人の能力を最大限に引
き出すことを目的に、体と心
のバランスを重視し、年齢段
階にあわせた教育を行う。

ジョン・バーリーコーン　大麦

と、それから作られるアルコー
ル飲料のビール、ウィスキー
を擬人化したもの。収穫の神
ルーとも、外見からグリーンマ
ンともいう。

シンギングボウル　倍音を出す
金属ボウル。

ストーンヘンジ　イギリス・ソー
ルズベリーの北西にある環状
列石。世界文化遺産。

聖燭祭
光の祝日ともいう。キリスト教
で、聖母マリアがイエスの誕
生から40日目に清められた
ことを祝う。インボルクの呼び
名でもある。

聖ブリギッドの日　キリスト教に
おけるインボルクの呼び名と
その祭日。

ゼウス　古代ギリシャ、ギリシャ
神話の神々の神、万物の神。
ハデスやデメテルの兄であり、
ヘルセポネの父。ローマ神話
ではユピテルという。

ソル　ノルウェーの太陽の女神。

ダウジング・ペンデュラム　もと
もと鉱脈探索用の振り子で、
占いや潜在意識を探るときに
使う。

タラの丘の捕虜の墓　タラの
丘はアイルランド北部の丘陵。
伝説上の上王たちの国が存在
した地といわれる。捕虜の墓
は、その丘にある古墳。

タンブルストーン　少し磨かれて

表面が滑らかな状態の原石。

チチェン・イッツァ メキシコ・ユカタン半島にあるマヤ文明・古典期の神殿、最大都市遺跡。世界文化遺産。

ディアナ 古代ローマ、ローマ神話の狩猟、貞節と月の女神。ギリシャ神話ではアルテミスという。

デビルドエッグ 卵の黄身の部分に詰め物をしたゆで卵。

デメテル ケレス参照。

トゥアハ・デ・ダナーン 太古のアイルランドを支配していた神秘的な超自然種族。神族。

トール 北欧神話の戦神。オーディンとヨルズの息子。

ドルイド 祭司。

トロール ノルウェーを中心に北欧の伝承に登場する妖精の一種。

ドン ケルト、ケルト神話の死者の神。

パーン 古代ギリシャ、ギリシャ神話のヤギの角の生えた神。牧神、牧羊神、半獣神。

パス・ザ・ストーリー 参加者が順に物語を語る集まり。

バッカナリア 古代ローマにおけるオスタラの呼び名。

バックス 古代ローマ、ローマ神話のワインの神。ギリシャ神話ではディオニュソスという。

ハデス 古代ギリシャ、ギリシア神話の冥界の神。ペルセポネの夫。

バノックパン オーツ麦や大麦粉を使った丸くて甘いパン。

バルドル 北欧神話の光の神。オーディンとフリッグの息子。

フードゥー アメリカ北部の黒人奴隷のつくりあげた魔術。

フェアリー 妖精、精霊。

フェブルアーリア 古代ローマにおけるインボルクの呼び名。

フェブルアーリア祭 古代ローマの死と浄化の神フェブルウスを祝う。英語のFebruary（2月）の語源ともいわれる。

ブリギッド ケルト神話の炉辺の女神。特にアイルランドの神。ブライト・アロー（輝く矢）、ブライト・ワン（輝く者）とも呼ばれ、永遠の聖なる炎を守護すると共に、癒し、詩、鍛冶の3つを司り、火を灯す女神。

ブリギッドクロス アシや小麦を編んでつくる、中央が正方形で4本の腕を持つ十字架。家庭に豊穣、繁栄、健康をもたらす太陽を象徴。

ブリギッドデイ ケルトにおけるインボルクの別称。

フリッグ 北欧神話の愛と結婚、豊穣の女神。オーディンの妻、バルドルの母。

ブリデオガ ブリギッドを表す飾人形。一般的にトウモロコシの外皮でつくられ、赤、白、緑色の服を着ている。

フレイヤ 北欧神話の生と死、愛情と戦い、豊饒とセイズ（北欧の魔術）の神。

フローラ 古代ローマ、ローマ神話の花と春と豊穣を司る女神。

フロラリア 古代ローマ、ローマ神話におけるベルテインの呼び名。

ヘカテ 古代ギリシャ、ギリシャ神話の魔術の女神。

ヘズ 北欧神話の盲目の神。オーディンの息子、バルドルの弟。

ヘスティア ウェスタ参照。

ヘル 北欧神話の死者の国の女神。

ペルセポネ 古代ギリシャ、ギリシャ神話の大地の女神。冥界の女王。デメテルの子、ハデス）の妻。コレーともいう。

ベルテイン メイデイ。春分と夏至の間のクロスクォーターの祭日。「幸運の火」を意味し、1年の輪のケルトの4大火祭のうち2つ目にあたる。

ベルファイア ベルテインの聖火、ケルト、ケルト神話の太陽神ベレヌスへの祈り。

ベレヌス ケルト、ケルト神話の太陽神。

ポーモーナ 古代ローマ、ローマ神話のフルーツとその栽培を司る女神。

ホットクロスパン ドライフルーツ入りの、十字の切込みの入った甘いパン。

ポマンダーボール オレンジにクローブを刺して模様を描き、スパイスを振りかけたもの。中世の薬草学者たちが考案。ユールの祭壇の近くに吊りさげれば、空気を浄化して、ネガティブなエネルギーから家

を守ってくれるという。

ホリーキング ケルト神話における冬を擬人化した王。夏の王であるオークキングとのおわりなき戦いは、四季の移り変わりを表している。

ホルス 古代エジプト、エジプト神話の天空の神。

マアト 古代エジプト、エジプト神話の女神。太陽神ラーの娘とされる。

マインドフルネス 現実をあるがままに受け入れて、現在に意識を集中すること。

ミカエル祭 キリスト教の聖ミカエルを祝う祭。

メイクイーン 5月の女王。アングロサクソンの人々の神。

メイバウ メイブッシュより大がかりなもの。

メイブッシュ 農家の庭や村の中心に立つサンザシの木に、サクラソウやマンサク、セイヨウナナカマドのような黄色い花と、カラフルなリボンやキャンドルで飾りつけしたもの。

メイポール 森から切り出してきた木の形を整え、花や木々で飾ったもの。昔のイングランドでは、村の中心に設置されていた。

メイボン 秋分。ウィッチズ・サンクスギビング（魔女たちの感謝祭）とも呼ばれる。1年の輪の3大収穫祭の2つ目にあたり、収穫の祝福と持続を願いながら、光と闇のバラン

スや秋への移り変わりを喜ぶ。

メイボン・アプ・モドロン ウェールズ文化における「モドロン（母なる大地）の息子」、すなわちメイボンを指す。

モリガン ケルト、ケルト神話の戦争の女神。

ユール 冬至。古代ヨーロッパのゲルマン族によって冬至の頃に行われた祭り。

ユールタイド ユールの祝祭の季節。「タイド」とは古英語で時間や季節指す。本書では「祝祭の季節」の意。

ユールツリー クリスマスツリーの祖先。様々な古代異教徒の冬至の習慣に登場し、永遠の命を表した。

ユールログ ユールの丸太。ユールタイドのおわりに、炭をひとかけ暖炉に置き、次の年の丸太（ログ）を燃やす。灰を取っておけば家を不幸から守ってくれたり、春に野にまけば種の繁栄をうながすという。

ラー 古代エジプト、エジプト神話の太陽神。

ラマス アングロサクソンの人々におけるルーナサの呼び名。ラエフマス、ローフマスともいう。

リーザ 夏至。アングロサクソンの人々の言葉「6月」と「7月」に由来。太陽の光をたたえ祝う。

類感魔術 対象と似たものを用いる魔術。よくコーンドールが使われる。

ルー ケルト、ケルト神話の太陽神。

ルースインセンス ハーブなどをそのままたくタイプのインセンス。

ルーナサ 1年の輪の3大収穫祭の最初の祝祭、第1収穫祭。夏至と秋分の中間に位置する祝日。1年の闇の半分への入り口と捉えられている。ケルトの4大火祭の1つでもある。

ルーン文字 古代ゲルマンの文字。

レプラコーン 黄金を隠し持っているいたずらな妖精。

ワイルドハント 天空で繰り広げられる狩猟。

ワセイリング 酒宴。果樹にワインやシードルを注いで、新しい年の豊穣や多作を願う伝統。

ワセイル アングロサクソンの人々がワセイリングに際して飲むドリンク。たいていホットでスパイシーなアルコール。

ワルプルガ キリスト教の聖人。

謝辞

何よりもまず、オンラインコミュニティの皆様に祝福を贈ります。サークルメンバーの方々は信じられないほどのインスピレーションや支え、連帯感を示してくださいました。バーチャルなチャンネルを通しても、彼らの放つエネルギーがひしひしと伝わってきました。もちろん息子をはじめ、夫、両親、兄弟、家族からも、常に奥深いインスピレーションを受けました。素晴らしい友人のベッキーとミーガンの真摯で愛情に満ちた支えなしでは、私は途方に暮れていたはずです。そして、フェア・ウィンズ・プレス社の皆さまには、専門的知識と惜しみない協力、人生の中で最も大切にしていることを共有する機会を与えてくださったことを感謝します。そして私たちのために道を開き、照らし続けてくれている先祖に、つきることのない感謝をささげます。

著者プロフィール

アンジュー・キアナン

学生時代は、生物学を専攻すると共に、人類学、歴史、芸術、環境学、植物学、薬草学、文学を学ぶ。1990年代中頃から、内なる自分と自然界に存在する神秘の力を追求しはじめ、スピリチュアルな世界や占いを研究。現在、自然観察に基づいた独自の手法を編み出し、魔術指導や、魔術や占いのツールを取り扱うライ・オブ・アンジューを主宰。書籍や雑誌をはじめ様々なメディアでも活躍し、月間ユーザー5億人を誇るアメリカの女性向けメディアRefinery29にて、「インスタグラムで絶対フォローすべきマジカルウーマン」のひとりに選ばれてもいる。

聖なる祭壇のつくりかた
精霊と祝い、飾る、古代ヨーロッパの儀式

2021年8月25日 初版第1刷発行

著　者：アンジュー・キアナン（© Anjou Kiernan）
発行者：長瀬 聡
発行所：株式会社 グラフィック社
　　　　〒102-0073 東京都千代田区九段北 1-14-17
　　　　Phone：03-3263-4318　Fax：03-3263-5297
　　　　http：www.graphicsha.co.jp
　　　　振替：00130-6-114345

日本語版制作スタッフ
翻訳：ダコスタ吉村花子
組版・カバーデザイン：恩田 綾
編集：鶴留聖代
制作・進行：本木貴子（グラフィック社）

ISBN 978-4-7661-3514-5 C0076
Printed in China